元青花瓷與釉裡紅瓷綜論

綜論

方勝利 著

YUAN BLUE-AND-WHITE
PORCELAINS AND UNDER-
GLAZE-RED PORCELAINS
BY FANG Sheng Lih

目錄

001

元代「大元國至正八年」
銘麒麟紋描金玉壺春瓶
36.0cm

Yuan dynasty.Blue-and-
white yu-hu-cun bottle
with chi-lin gilt-edged and
dated inscription in the 8th
year of the Zhizhen Reign

002

元代青花雲龍紋象耳瓶（龍
頭向右）**63.0cm**

Yuan dynasty, Blue-and-
white vase with a dragon
and clouds

003

元代青花雲龍紋象耳瓶（龍
頭向左）**63,0cm**

Yuan dynasty, Blue-and-
white vase with a dragon
amid clouds

004

元代青花八仙人物紋缸形罐
36.0cm

Yuan dynasty, Blue-and-
white jar with the scene of
dance of eight personages

005

元代青花高直圓筒瓷器（與
下一件共為一對）**50.0cm**

Yuan dynasty.Blue-and-
white column vase（A pair
with the next one）

006

元代青花高直圓筒瓷器（與
上一件共為一對）**50.0cm**

Yuan dynasty, Blue-and-
white column vase （A
pair with the front one）

007

元代青花開光人物紋雙獅耳
八稜瓶 **55.0cm**

Yuan dynasty, Blue-and-
white octagonal vase with
lion-head handles

008

元代青花開光人物紋八稜梅
瓶 **44.0cm**

Yuan dynasty, Blue-and-
white octagonal mei-ping
vase with characters

009

元代青花水藻紋綴以串珠魚
紋梅瓶 **35.0cm**

Yuan dynasty, Blue-and-
white mei-ping vase with
fish among algae

010

元代青花蓮池鴛鴦紋梅瓶
30.0cm

Yuan dynasty, Blue-and-
white mei-ping vase with
mandarin ducks in a lotus
pond

011

元代青花纏枝牡丹紋梅瓶
18.0cm

Yuan dynasty, Blue-and-
white vase with peony
scrolls

012

元代青花麒麟鳳鳥紋玉壺春
瓶 **40.0cm**

Yuan dynasty, Blue-and-
white yu-hu-cun bottle with
chi-lin and phoenix

013

元代青花麒麟松樹紋玉壺春
瓶 **32.0cm**

Yuan dynasty, Blue-and-white yu-hu-cun bottle with décor of quilin and pines

014

元代青花水波蓮荷紋八角玉
壺春瓶 **26.7cm**

Yuan dynasty, Blue-and-white octagonal yu-hu-cun bottle with leaves and lotus

015

元代青花獅球紋八稜玉壺春
瓶 **27.0cm**

Yuan dynasty, Blue-and-white eight faceted bottle with lions playing with balls

016

元代青花纏枝菊紋玉壺春瓶
26.0cm

Yuan dynasty, Blue-and-white bottle with chrysanthemum scrolls

017

元代青花蓮池鴛鴦紋玉壺春
瓶 **20.0cm**

Yuan dynasty, Blue-and-white bottle with scene of mandarin ducks in lotus pond

018

元代青花魚藻紋堆貼螭龍蒜
頭瓶 **27.0cm**

Yuan dynasty, Blue-and-white suan-tau-vase with scene of fish and aquatic plants

019

元代青花魚藻紋四繫扁壺
23.0cm

Yuan dynasty, Blue-and-white flask with deco of fish and aquatic plants

020

元代青花穿蓮鳳鳥紋帶蓋執
壺 **24.5cm**

Yuan dynasty.Blue-and-white ewer with phoenixes

021

元代青花鳳穿蓮花麒麟穿花
卉紋僧帽壺 **28.0cm**

Yuan dynasty, Blue-and-white flask with scene of chi-lin and flowers

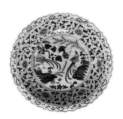

022

元代青花雉雞竹石花果紋花
口盤 **25.0cm**

Yuan dynasty, Blue-and-white dish with pheasants amid rocks, bamboo leaves

023

元代青花波浪形折沿邊蓮塘
鴛鴦紋盤 **32.0cm**

Yuan dynasty, Blue-and-white wave-side dish with scene of mandarin ducks in a lotus pond

024

元代青花纏枝牡丹紋罐
41.0cm

Yuan dynasty, Blue-and-white jar with peony scrolls

025

元代青花鬼谷子下山圖蓋罐
35.0cm

Yuan dynasty, Blue-and-white jar and cover with a scene of Gui Guzi

026

元代青花鬼谷子下山圖大罐
32.0cm

Yuan dynasty, Blue-and-white jar with a scene of Gui Guzi

027

元代青花鳳穿菊紋獸耳罐
15.5cm

Yuan dynasty, Blue-and-white jar with phoenixes amid chrysanthemum sprays

028

元代青花纏枝菊紋罐
13.5cm

Yuan dynasty, Blue-and-white jar with chrysanthemum scrolls

029

元代青花鴛鴦池塘紋罐
11.0cm

Yuan dynasty, Blue-and-white jar with mandarin ducks in a lotus pond

030

元代青花鴛鴦池塘紋罐
11.2cm

Yuan dynasty, Blue-and-white jar with mandarin ducks in a lotus pond

031

元代青花纏枝蓮紋罐
11.0cm

Yuan dynasty, Blue-and-white jar with lotus flowers

032

元代青花串枝菊紋罐
7.5cm

Yuan dynasty, Blue-and-white jar with chrysanthemum sprays

033

元代青花龍鳳鴛鴦蓮池紋長方形盤 33.0cm

Yuan dynasty, Blue-and-white rectangular dish decorated with dragon and phoenix

034

元代青花鴛鴦水藻紋筒爐
26.8cm

Yuan dynasty, Blue-and-white jar with mandarin ducks in a lotus pond

035

元代藍地白花雙雲龍紋雙獸耳八稜罐 41.0cm

Yuan dynasty, Blue-and-white eight faceted jar with a dragon in white reserved on blue ground

036

元代藍地白花雲龍紋雙獸耳罐 41.0cm

Yuan dynasty, Blue-and-white jar with a dragon in white reserved on blue ground

037

元代藍地白花雲龍紋雙魚耳
瓶 **47.5cm**

Yuan dynasty, Blue-and-
white vase with a dragon
in white reserved on blue
ground

038

元代藍地白花蓮塘鴛鴦紋雙
獸耳瓶 **48.5cm**

Yuan dynasty, Blue-and-
white vase with scene of
mandarin ducks in lotus
pond

039

元代藍地白花雲龍紋梅瓶
44.5cm

Yuan dynasty, Blue-and-
white mei-ping vase with a
dragon in white reserved
on blue ground

040

元代藍地白花雲龍紋玉壺春
瓶 **45.0cm**

Yuan dynasty, Blue-and-
white yu-hu-cun bottle with
a dragon in white reserved
on blue ground

041

元代青花魚藻紋與藍地白花
雲龍紋大盤 **41.5cm**

Yuan dynasty, Blue-and-
white large dish with fish
and white reserved design
of two dragons

042

元代釉裡紅鳳穿菊紋雙蝙蝠
耳罐 **26.5cm**

Yuan dynasty.Underglaze-
red jar with phoenixes and
chrysanthemum scrolls

043

元代釉裡紅纏枝牡丹紋梅瓶
35.0cm

Yuan dynasty, Underglaze-
red vase with peony scrolls

044

元代釉裡紅纏枝牡丹紋梅瓶
28.0cm

Yuan dynasty, Underglaze-
red vase with peony scrolls

045

元代釉裡紅牡丹紋八角玉壺
春瓶（一對）**36.0cm**

Yuan dynasty, Underglaze-
red octagonal yu-hu-cun
bottle with peony scrolls

046

元代釉裡紅花卉紋八角玉壺
春瓶（一對中的第一件）
36.5cm

Yuan dynasty, Underglaze-
red octagonal yu-hu-cun
bottle with floral sprays

047

元代釉裡紅花卉紋八角玉壺
春瓶（一對中的第二件）
36.5cm

Yuan dynasty, Underglaze-
red octagonal yu-hu-cun
bottle with floral sprays

048

元代釉裡紅纏枝牡丹紋八角
玉壺春瓶 **28.0 公分**

Yuan dynasty, Underglaze-
red octagonal yu-hu-cun
bottle with peony scrolls

049

元代釉裡紅纏枝菊紋玉壺春瓶 **26.5cm**

Yuan dynasty, Underglaze-red yu-hu-cun bottle with chrysanthemum scrolls

050

元代釉裡紅花卉紋玉壺春瓶 **20.5cm**

Yuan dynasty, Underglaze-red yu-hu-cun bottle with flowers and scrolls

051

元代釉裡紅花卉紋八角執壺 **27.0cm**

Yuan dynasty.Underglaze-red octagonal ewer with a long spout

052

元代釉裡紅鳳首流執壺 **26.0cm**

Yuan dynasty, Underglaze-red ewer with a phoenix-head spout

053

元代釉裡紅龍把手鳳首流執壺 **18.0cm**

Yuan dynasty, Underglaze-red ewer with a dragon-shaped handle and a phoenix-head spout

054

元代釉裡紅纏枝蓮花紋罐 **12.0cm**

Yuan dynasty, Underglaze-red jar with lotus and scrolls

055

元代釉裡紅雲龍紋花口盤 **17.0cm**

Yuan dynasty, Underglaze-red dish with foliated rim and a running dragon

056

元代釉裡紅纏枝花卉紋菱口盤 **19.0cm**

Yuan dynasty, Underglaze-red dish with flowers and scrolls

057

元代釉裡紅雙鳳牡丹紋化裝盒 **24.5cm**

Yuan dynasty, Box in underglaze-red with two phoenixes and peony scrolls

058

元代釉裡紅一把蓮紋匜 **14.3cm**

Yuan dynasty, Underglaze-red spouted fowl with lotus flowers

059

元代釉裡紅船形水注 **21.5cm**

Yuan dynasty, Underglaze-red water-pot in form of boat

060

元代紅釉船形採蓮紋水注 **25.0cm**

Yuan dynasty, Red-glaze water-pot in form of boat

061

元代紅釉屋形瓷枕 21.0cm

Yuan dynasty, Red-glaze pillow with form of house and decorated with flowers

062

元代白地紅花與紅地白花凸刻雲龍波濤紋雙獸耳罐 **45.0cm**

Yuan dynasty.Underglaze-red jar with dragon and clouds

063

元代白地紅花與紅釉紅地白花鳳穿卷雲紋罐 **17.0cm**

Yuan dynasty, jar with design of phoenixes among clouds in white reserved on red ground

064

元代青花釉裡紅花鳥紋雙獅耳玉壺春瓶 **25.0cm**

Yuan dynasty, Yu-hu-cun vase decorated in underglaze blue and red with bircs, flowers

065

元代青花釉裡紅騰龍水波紋八稜玉壺春瓶 **28.5cm**

Yuan dynasty, Yu-hu-cun vase decorated in underglaze blue and red with dragon and waves

066

元代青花釉裡紅蓮池鷺鷥水波紋玉壺春瓶 **28.0cm**

Yuan dynasty.Yu-hu-cun vase decorated in underglaze blue and red with heron and waves in a lotus pond

067

元代青花釉裡紅菩薩坐像 **22.0cm**

Yuan dynasty, Blue-and-white and underglaze red bouddha sit on a socle

068

元代紅綠彩蓮塘水禽紋蓋罐 **22.5cm**

Yuan dynasty, Covered jar décor with water fowls in red and green overglaze

069

明代洪武青花花卉紋六角形執壺 **21.5cm**

Ming dynasty, Hong-wu period, Blue-and-white hexagonal ewer with deco of floral sprays

070

明代洪武青花蓮池鴛鴦紋梅瓶 **23.5cm**

Ming dynasty, Hong-wu period, Blue-and-white mei-ping vase deco of mandarin ducks in a lotus pond

071

明代永樂青花纏枝蓮紋花澆 **22.0cm**

Ming dynasty, Yongle period, Blue-and-white Tankard decorated with flowers and leaves

072

明代永樂青花八瓣瓜稜形罐 **15.5cm**

Ming dynasty, Yongle period, Blue-and-white vase with form of pumpkin decorated with phoenixes

073

明代宣德青花鳳穿蓮花紋直
圓筒形蓋罐 **22.0cm**

Ming dynasty, Xuande
period, Covered jar
decorated in underglaze
blue-and-white with
phoenix

074

明代宣德寶相花紋雙耳扁瓶
31.0cm

Ming dynasty, Xuande
period, Blue-and-white
flask décor of bouddha-
flower

075

明代宣德青花鳳穿花卉紋瓷
枕 **15.3cm**

Ming dynasty, Xuande
period, Blue-and-white
pillow decorated with
phoenixes and flowers

076

明代宣德青花折枝花果紋執
壺 **25.5cm**

Ming dynasty, Xuande
period, Blue-and-white
ewer with décor of flowers
and fruits

077

明代宣德青花蕉樹庭院紋花
口盤 **45.0cm**

Ming dynasty, Xuande
period, Blue-and-white
dish décor with banana
tree and garden

078

明代宣德青花蓮花紋三足爐
12.3cm

Ming dynasty, Xuande
period, Blue-and-white
Burning pot with three
feet decorated with lotus
scrolls

079

明代宣德青花鳳穿花卉紋長
頸瓶 **49.0cm**

Ming dynasty, Xuande
period, Vase with long
neck decorated in
underglaze blue-and-white
with phoenix and flowers

080

明代宣德青花龍紋蟋蟀蓋罐
11.0cm

Ming dynasty, Xuande
period, Covered jar for
the cricket decorated in
underglaze blue-and-white
with dragon

081

明代宣德釉裡紅靈芝紋石榴
尊 **19.5cm**

Ming dynasty, Xuande
period, Underglaze-
red vase with form
of pomegranate and
decoration of lin-zhi

082

明代宣德紅釉紅地白花朵雲
紋葵花式盤 **16.5cm**

Ming dynasty, Xuande
period, Dish with design
of three clouds in white
reserved on red ground

083

明代萬曆青花纏枝葉紋瓷磨
20.0cm

Ming dynasty, Wan-
li period, mill-porcelin
decorated in underglaze
blue-and-white with leaves
scrolls

084

清代乾隆釉裡紅福壽紋方形
直角瓶 **23.0cm**

Qing dynasty, Qien-long
period, Underglaze-red
rectangular vase with
the Bat and symbol of
longevity

作者序

　　元世祖忽必烈，元王朝的建立者，公元 1260 年自立為大蒙古大汗，稱大蒙古國皇帝。1271 年改國號為「大元」，建立元朝，成為元朝首任皇帝，都燕京，即今日的北京（北平）。元朝一直到 1368 年為明太祖朱元璋所滅，明朝定都京陵（即今南京），洪武三年元帝崩於應昌，總共約為 97 年。元政府在全國未統一的前一年，即至元十五年（1278 年）就在浮梁設磁局，這在中華製瓷史上算是首創官設磁局，此舉表明元政府對瓷器的需求和對瓷器生產的重視。不過蒙古統治者畢竟是征戰民族，日常所需的仍是金屬、漆木產品，因此，浮梁磁局除了掌管瓷器燒造之外，還負責漆造、棕藤、笠帽等製造事項；元代的浮梁磁局並非「官窯」，但總括來看，在元代九十多年的統治時間裡，其所燒造的青花瓷與釉裡紅瓷，於現今文獻所記載，分佈在全世界各地的作品約有數百件之多，而這些元代文物，既是世界陶瓷史上的一種藝術創新，更是一朵奇葩，貢獻輝煌。

　　筆者以地質沉積學及器物自然老化的角度，判斷自然界在瓷器上因時間的長久與短暫，進而形成的老舊現象，推估手上收藏器物的年代。在走過世界上很多地方，花了數十年時間，慢慢收藏這些從元代以來就被輸出或流落各地的元代青花瓷和釉裡紅瓷。然畢竟元代仿品的出現也只是近半世紀左右才發生的事，因此單憑學理上的科學知識，加上高倍的放大鏡，應足以分辨出元代瓷器或近代仿品之間的差異。若有爭議，必要時可採取科學儀器鑑定方法，即熱釋光鑑定陶瓷的技術，之間的誤差只有五十年，也就是說，究竟是元代瓷器或近代仿品，一經側試即可明辨，絲毫沒有模糊空間。

　　仿品通常多有作舊的工序，但短時間內的人工作舊，藉以模仿瓷器在長時間下形成的自然老化或變化，二者之間仍是可被區別出來的。

　　今將數十年來的元代青花瓷與釉裡紅瓷的收藏品整理成書，由於元代釉裡紅瓷已發表的文獻不多，筆者將自己收藏的元代釉裡紅瓷器的藏品一併呈現出來，期望各界先進們不吝賜教。

方勝利　FANG Sheng Lih

國立海洋大學海洋學系地質組畢業，法國巴黎大學地質沉積學研究所博士班，中華文物瓷器玉器收藏者
近年更與劉嶔琦先生共同著作出版《唐代玉雕綜論》、《六朝玉雕綜論》等書

元代青花瓷

YUAN BLUE-AND-WHITE PORCELAINS

元代白地藍花青花瓷

　　元代青花瓷的造形很多，如梅瓶、罐、扁壺、葫蘆瓶、玉壺春瓶、盤、執壺、佛像、器座、蒙古包、蓋盒、高足碗、碗、匜、高足杯、套盒、谷倉、帶座瓶、座爐、出戟觚、盞、盞托、缸形罐、直圓筒器、瓶、僧帽壺、長方形盤、筒爐、船形水注、鳳首流執壺、花口盤、六角瓶、帶座供瓶、水注等，有的仿歷代陶器、銅器器形，有的新創，林林總總，相當多元。

　　而採用的釉料有來自波斯地區的蘇麻離青以及國產青料，即浙江、江西和雲南等地所出。紋飾主要為動植物，也有一些以故事人物為題材的設計。

　　元代之前的製胎原料屬於高矽低鋁性質，窯溫超過一千兩百度即容易變形。南宋中晚期後在景德鎮發現了麻倉土和高嶺土，工匠們將瓷石與麻倉土或高嶺土混合，稱之為二元配方的胎土。燒造的瓷器能耐攝氏一千三百度以上的高溫而不變形，所以元代的瓷器有些器形都相當高大，如本書中的象耳瓶即高達 63.0 公分。

【註】即一般常見之元代青花瓷

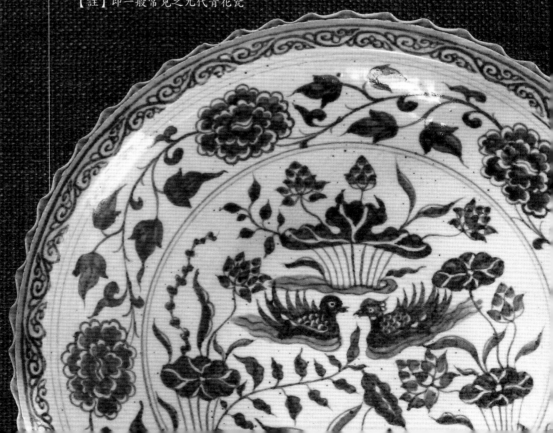

001

元代「大元國至正八年」銘青花麒麟紋描金玉壺春瓶

YUAN DYNASTY（1271～1368）
Blue-and-white yu-hu-cun bottle with chi-lin gilt-edged and dated inscription in the 8th year of the Zhizhen Reign
元（1271～1368）

【高 36.0 公分、口徑 11.3 公分、腹徑 21.0 公分、足徑 12.5 公分】
【H 36.0cm、MD 11.3cm、AD 21.0cm、FD 12.5cm】

此器口沿外敞、束頸、溜肩、垂腹，腹底圓足微敞。瓶身滿布紋飾，由上而下依序為：蕉葉紋、七個變形蓮瓣紋的開光，內繪花形紋、麒麟花卉雜寶紋、九個變形蓮瓣紋開光，內繪雲頭紋，頸部有銘文「大元國至正八年」七字，主紋穿花卉麒麟，昂首迎風蓮步，向前奔馳，展現出元代青花動物紋飾的特色，紋飾上皆有描金之線條，這是元青花瓷器中極為少見的[註]。

【註】「大元國至正八年」，即為西元 1348 年。現藏於大英博物館中之元「至正十一年」銘青花雲龍紋象耳瓶一對，即為西元 1351 年所製，較本器晚三年。

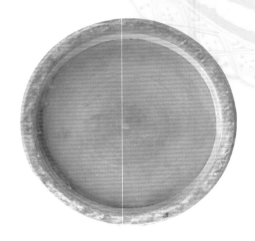

002

元代青花雲龍紋象耳瓶[註]

YUAN DYNASTY（1271 ～ 1368）
Blue-and-white vase with a dragon and clouds （the head of the dragon of this vase turn toward the right, a pair, together with the next one）
元（1271 ～ 1368）

【高 63.0 公分、口徑 17.3 公分、腹徑 24.5 公分、足徑 19.0 公分】
【H 63.0cm、MD 17.3cm、AD 24.5cm、FD 19.0cm】

盤口、長頸、頸部有一對象首環耳，腹部瘦長，台足，紋飾由上而下共有十層，依序為：纏枝菊紋、蕉葉紋、鳳鳥火焰紋、纏枝花卉紋、雲龍紋、海濤紋、錢紋（半部）、纏枝花卉紋、纏枝牡丹紋以及捲草紋。此瓶龍頭向右，與下一件龍頭向左，形成一對。類似的青花雲龍紋象耳瓶，如大英博物館收藏的「至正十一年」銘（【高 63.8 公分】）的一對象耳瓶，但紋飾略有差異。

【註】此瓶龍頭向右，與下一件龍頭向左共為一對。

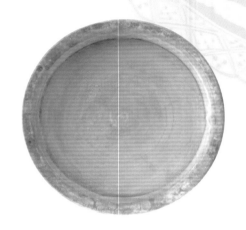

003
元代青花雲龍紋象耳瓶[註]

YUAN DYNASTY（1271 ～ 1368）
Blue-and-white vase with a dragon amid clouds （the head of the dragon of this vase turn toward the left, a pair, together with the front one）
元（1271 ～ 1368）

【高 63.0 公分、口徑 17.3 公分、腹徑 24.5 公分、足徑 19.0 公分】
【H 63.0cm、MD 17.3cm、AD 24.5cm、FD 19.0cm】

盤 口、長頸、頸部有一對象首環耳，腹部瘦長，台足，紋飾由上而下共有十層，依序為：纏枝菊紋、蕉葉紋、鳳鳥火焰紋、纏枝花卉紋、雲龍紋、海濤紋、錢紋（半部）、纏枝花卉、纏枝牡丹紋以及捲草紋。此瓶龍頭向左，與上一件龍頭向右，形成一對。[註]。

【註】此瓶龍頭向左，與上一件龍頭向右，共為一對。

004
元代青花八仙人物紋缸形罐

YUAN DYNASTY（1271～1368）
Blue-and-white jar with the scene of dance and music of eight personages
元（1271～1368）

【高 36.0 公分、口徑 42.0 公分、腹徑 41.4 公分、足徑 27.5 公分】
【H 36.0cm、MD 42.0cm、AD 41.4cm、FD 27.5cm】

本器成缸形罐，圓直口，口沿外折再向內卷回，呈中空扁筒狀。短頸，溜肩，微鼓腹，腹以下漸收。圈足向外微撇。口沿上飾錢紋，間插開光花卉紋。頸部飾四個變形雲紋。溜肩堆貼四個獸面紋，口銜圓環。獸面紋中間繪飾松葉紋。主紋為八仙，處在花卉山石庭園中。再下為卷草紋。圈足飾倒蓮瓣紋，內繪卷雲垂珠紋。整個造型佈局，情境優雅，美不勝收，是很難得的精品^註。

【註】八仙即八位從不同的人群，凡人得道。即從右至左：曹國舅（貴）、何仙姑（女）、韓湘子（少）、藍采和（貧）、張果老（老）、呂洞賓（男）、漢鍾離（富）、鐵拐李（賤）。

由左至右：韓湘子、何仙姑、曹國舅

樹　　　　　　　　　由左至右為鐵拐李、漢鍾離、呂洞賓　　　　　　　左：張果老／右：藍采和

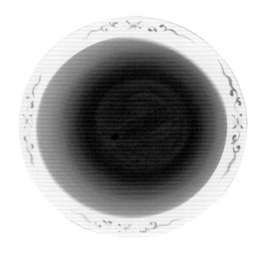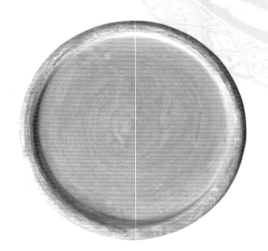

005

元代青花高直圓筒瓷器（與下一件共為一對）

YUAN DYNASTY（1271 ～ 1368）
Blue-and-white column vase （a pair with the next one）
元（1271 ～ 1368）

【高 50.0 公分、口徑 15.5 公分、足徑 15.5 公分】
【H 50.0cm、MD 15.5cm、FD 15.5cm】

此件與另一件，其形制、大小、紋飾完全相同，兩件形成一對。此器呈高直圓筒狀、平底，底部微微內凹。瓶身滿布青花紋飾，頂部一圈平面口沿，繪纏枝花卉紋。外壁由上而下依序為：纏枝蓮紋，主紋為三個人物，並用山石、草木以及水岸等來襯托，其中一人騎著快馬在山林間奔跑，他的左手拉著韁繩，右手拿著馬鞭，身體側轉，似在尋找目標，另一人牽著馬，立在岸邊，臉朝著船伕，正在對話。　此景即為漢初時丞相蕭何在月色中追韓信，企圖挽留韓信為劉邦效命的故事。接著的紋飾為一圈卷草紋。脛部繪變形蓮瓣紋的開光，內繪雲頭垂珠紋。此器應可當畫筒或存放其他物品使用。

單馬

韓信

船伕

蕭何

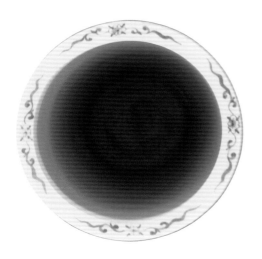
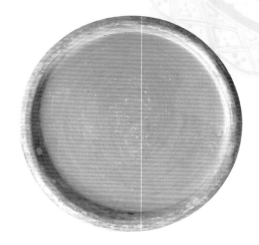

006

元代青花高直圓筒瓷器（與上一件共為一對）

YUAN DYNASTY（1271～1368）
Blue-and-white column vase （a pair with the front one）
元（1271～1368）

【高 50.0 公分、口徑 15.5 公分、足徑 15.5 公分】
【H 50.0cm、MD 15.5cm、FD 15.5cm】

此 元代青花瓷存世數量稀少，成對瓷器更是罕見。類似紋飾的元青花瓷，南京市博物館藏有一件梅瓶。

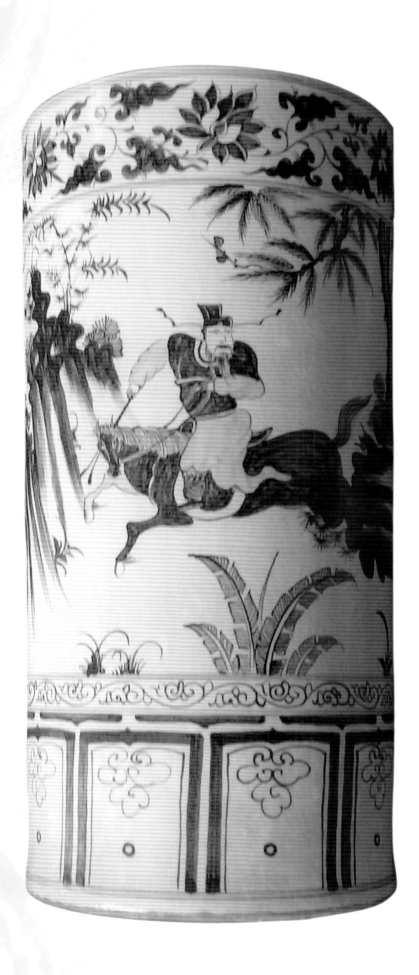

007

元代青花開光人物紋雙獅耳八稜瓶

YUAN DYNASTY（1271～1368）
Blue-and-white octagonal vase with lion-head handles and characters
元（1271～1368）

【高 55.0 公分、口徑 11.7 公分、腹徑 27.7 公分、底徑 13.3 公分】
【H 55.0cm、MD 11.7cm、AD 27.7cm、FW 13.3cm】

盤口、長頸、頸部有一對獅耳紋堆貼。溜肩、鼓腹、下腹內斂、平底、淺凹足微外撇。全器繪滿青花紋飾。依序為斜格錦紋、蕉葉紋、纏枝菊紋、變形蓮瓣紋開光，內填火焰紋。瓶身中腹有四個菱花邊框，框內填人物紋。所有邊框一個旁接一個排列。其餘空間填滿卷草紋。緊接下方為一圈卷草紋。脛部為變形蓮瓣紋邊框，內填雲頭垂珠紋。瓶身以凸稜為界分為八面。全器造形莊重典雅。青花紋飾層次分明，顏色亮麗濃豔，是少見的精品。

 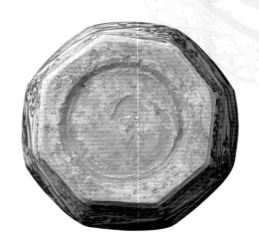

008
元代青花開光人物紋八稜梅瓶

YUAN DYNASTY（1271～1368）
Blue-and-white octagonal mei-ping vase with characters
元（1271～1368）

【高 44.0 公分、口徑 5.0 公分、腹徑 27.4 公分、底徑 13.5 公分】
【H 44.0cm、MD 5.0cm、AD 27.4cm、FW 13.5cm】

此瓶呈八稜形、小口、平沿、短頸、豐肩、器形修長、斂腹、下腹微斂外撇、平底、淺凹足，全器繪滿青花紋飾。肩頸環飾一道卷草紋。再下為一圈纏枝蓮紋。瓶身中腹有四個菱花紋邊框，框內填人物紋。所有邊框皆以一個接一個排列。其餘空間填滿卷草紋。緊接下方為一圈卷草紋。脛部為八個變形蓮瓣紋邊框，內填朵雲紋及倒狀火焰紋。瓶身以凸稜為界，分為八面，全器造形厚重、典雅。青花紋飾層次豐富，顏色濃豔，亮麗。

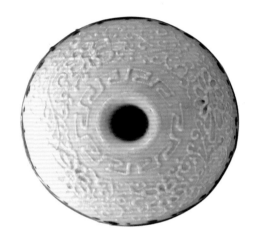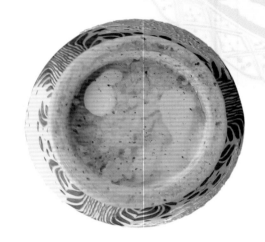

009
元代青花水藻紋綴以串珠魚紋梅瓶

YUAN DYNASTY（1271 ～ 1368）
Blue-and-white mei-ping vase with fish among algae
元（1271 ～ 1368）

【高 35.0 公分、口徑 5.5 公分、腹徑 22.5 公分、足徑 12.7 公分】
【H 35.0cm、MD 5.5cm、AD 22.5cm、FD 12.7cm】

此件梅瓶呈小口、短頸、豐肩、腹以下漸收、平底、淺凹足，足底無釉。器身自上而下有三層紋飾。肩部以瓷質串珠綴成的纏枝花卉紋，腹部分成三等份，以青花繪水藻紋，間以串珠綴成的一條魚、兩條魚、一條魚。活潑生動，別出心裁。脛部再飾以由串珠綴成的變形蓮瓣紋開光，內填雲頭垂珠紋。全器相當精美別緻。這種裝飾手法在元青花中，極為罕見。河北文物保護中心藏有一元青花蓋罐，其腹部開光的部分，亦是綴以串珠紋。

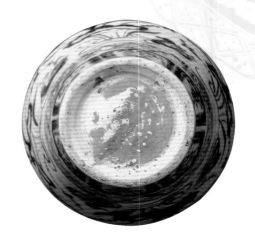

010

元代青花蓮池鴛鴦紋梅瓶

YUAN DYNASTY（1271 ～ 1368）
Blue-and-white mei-ping vase with mandarin ducks in a lotus pond
元（1271 ～ 1368）

【高 30.0 公分、口徑 4.8 公分、腹徑 19.0 公分、足徑 8.3 公分】
【H 30.0cm、MD 4.8cm、AD 19.0cm、FD 8.3cm】

此件梅瓶呈小口、短頸、豐肩、腹下部內收、平底、淺凹足，足底無釉。器身自上而下有七層紋飾。頸部繪有蕉葉紋，其下是卷草紋，肩部是雜寶紋，接著是斜格錦紋，腹部繪主紋蓮池鴛鴦紋，緊接著是斜格錦紋。脛部裝飾有一圈變形蓮瓣紋開光，內填雲頭紋。整體的構圖緊密，主題突出。梅瓶的主紋繪以蓮池鴛鴦紋，較少出現。副紋，斜格錦紋，亦是少見。

011
元代青花纏枝牡丹紋梅瓶

YUAN DYNASTY（1271 ～ 1368）
Blue-and-white vase with peony scrolls
元（1271 ～ 1368）

【高 18.0 公分、口徑 3.3 公分、腹徑 11.0 公分、足徑 7.4 公分】
【H 18.0cm、MD 3.3cm、AD 11.0cm、FD 7.4cm】

小口折沿、短頸、豐肩、腹下部內收、淺圈足、足底無釉。器身上的紋飾由上而下分五層，上下紋飾帶之間均隔以二道弦紋。肩部是一道卷雲紋，接著是一道纏枝蓮花紋，繪四朵蓮花，腹部繪滿纏枝牡丹紋，脛部以一圈變形蓮瓣紋裝飾，內繪雲頭垂珠紋。青花紋飾以國產青料描繪。

012

元代青花麒麟鳳鳥紋玉壺春瓶

YUAN DYNASTY（1271 ～ 1368）
Blue-and-white yu-hu-cun bottle with chi-lin and phoenix
元（1271 ～ 1368）

【高 40.0 公分、口徑 11.0 公分、腹徑 24.0 公分、足徑 12.5 公分】
【H 40.0cm、MD 11.0cm、AD 24.0cm、FD 12.5cm】

口沿外敞、束頸、溜肩、垂腹，腹底圈足微撇。瓶身滿佈紋飾，由上而下依序為蕉葉紋、七個變形蓮瓣紋開光，內繪雲頭垂珠紋，主紋穿蓮花麒麟及鳳鳥，麒麟昂首邁步，向前奔馳，鳳鳥雙翅平展，振翼飛升，秀麗的尾翎冉冉擺動，十足呈現元代青花動物紋飾的特色。

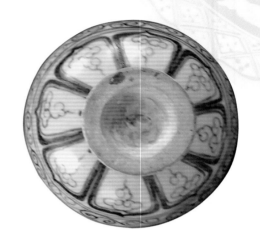

013
元代青花麒麟松樹紋玉壺春瓶

YUAN DYNASTY（1271 ～ 1368）
Blue-and-white yu-hu-cun bottle with décor of quilin and pines
元（1271 ～ 1368）

【高 32.0 公分、口徑 7.0 公分、腹徑 17.8 公分、足徑 8.0 公分】
【H 32.0cm、MD 7.0cm、AD 17.8cm、FD 8.0cm】

此器呈敞口、束頸、溜肩、垂腹、圈足微撇，瓶身滿布五層紋飾，由上而下依序為花卉紋、卷草紋、麒麟紋與松樹紋、卷草紋、變形蓮瓣紋開光，內填雲頭紋，器口內緣飾以卷草紋。主紋，一面以松樹紋為飾較為少見。另一面繪一麒麟、奇石、花卉環繞其旁。類似的主紋紋飾，見於英國Ashmolean 博物館珍藏的元青花麒麟大盤。麒麟與周邊景緻，相似度十分高，讓人不禁聯想是否為同一畫家所畫。

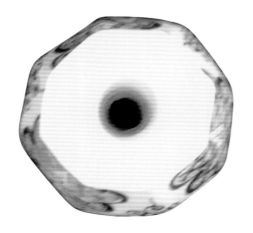 

014
元代青花水波蓮荷紋八角玉壺春瓶

YUAN DYNASTY（1271 ～ 1368）
Blue-and-white octagonal yu-hu-cun bottle with upright leaves, and lotus floating on waves patterns framed in cloud collar points
元（1271 ～ 1368）

【高 26.7 公分、口徑 8.2 公分、腹徑 14.0 公分、足徑 8.8 公分】
【H 26.7cm、MD 8.2cm、AD 14.0cm、FD 8.8cm】

此器口沿外敞如喇叭形，頸部細長，垂腹之狀，腹底圈足微撇。器身作八稜形。外壁描繪七層紋飾，從上而下依序為，頸肩部描繪蕉葉紋、錢紋、蓮瓣紋邊框、內填卷雲紋，再一圈錢紋。腹部主紋為如意雲頭紋邊框，框內填繪波濤蓮荷紋，雲頭紋邊框兩側以折枝花卉紋填補，其下一圈為錢紋，最下一圈為倒蓮瓣紋邊框，框內繪飾雲頭垂珠紋。七層排列的紋飾，形成主紋與副紋相間的結構。

015

元代青花獅球紋八稜玉壺春瓶

YUAN DYNASTY（1271 ～ 1368）
Blue-and-white eight faceted bottle with lions playing with balls
元（1271 ～ 1368）

【高 27.0 公分、口徑 8.3 公分、腹徑 14.0 公分、足徑 8.5 公分】
【H 27.0cm、MD 8.3cm、AD 14.0cm、FD 8.5cm】

卷唇、敞口、細長頸、垂腹，八方形器身，圈足微外撇，淺凹足，足底無釉。唇部為排列有序的
八朵如意紋。器身上繪八層紋飾，由頸部而下，依序為蕉葉紋、回紋、變體覆蓮紋、卷草紋，
主紋為雙獅戲球紋、錢紋，脛部為變體仰蓮紋。圈足為覆蓮瓣紋。青花為進口的蘇麻離青釉料，顏色鮮
艷。

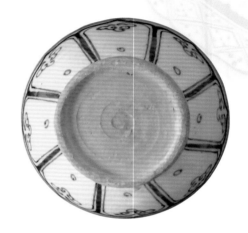

016

元代青花纏枝菊紋玉壺春瓶

YUAN DYNASTY（1271 ～ 1368）
Blue-and-white bottle with chrysanthemum scrolls
元（1271 ～ 1368）

【高 26.0 公分、口徑 7.6 公分、腹徑 14.5 公分、足徑 8.2 公分】
【H 26.0cm、MD 7.6cm、AD 14.5cm、FD 8.2cm】

此瓶為喇叭口、束頸、溜肩、垂鼓腹，圈足微外撇。整器用進口青料繪五層花紋，由上而下，依序：頸部為蕉葉紋、卷草紋、腹部為纏枝菊紋、卷草紋、變體仰蓮紋，內繪雲頭紋。青料發色鮮豔，花紋層次清晰，造型優美。

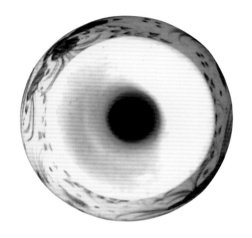

017
元代青花蓮池鴛鴦紋玉壺春瓶

YUAN DYNASTY（1271 ～ 1368）
Blue-and-white bottle with scene of mandarin ducks in lotus pond
元（1271 ～ 1368）

【高 20.0 公分、口徑 5.9 公分、腹徑 11.3 公分、底徑 5.7 公分】
【H 20.0cm、MD 5.9cm、AD 11.3cm、FW 5.7cm】

此瓶口沿外敞、束頸、溜肩、垂鼓腹，圈足微外撇。器身滿佈紋飾，由上而下依序為：蕉葉紋、纏枝菊紋、回紋、蓮池鴛鴦紋、七個變形蓮瓣紋的開光，內繪雲頭垂珠紋。以國產青料發色，造形優美雅緻。

018
元代青花魚藻紋堆貼螭龍蒜頭瓶

YUAN DYNASTY（1271～1368）
Blue-and-white suan-tau-vase with scene of fish and aquatic plants and decorated with a dragon
元（1271～1368）

【高 27.0 公分、口徑 3.6 公分、腹徑 13.0 公分、足徑 7.7 公分】
【H 27.0cm、MD 3.6cm、AD 13.0cm、FD 7.7cm】

直口、蒜頭球形凸出、長頸、溜肩、鼓腹、腹下作漸收，矮圈足，足底無釉。紋飾由上而下，口沿飾蓮瓣紋，頸上飾蕉葉紋，接著是花卉紋，卷草紋。主紋為魚藻紋。然後一圈卷草紋及變形蓮瓣紋開光，開光內飾雲頭垂珠紋。長頸上堆貼一條盤繞於瓶頸的螭龍，立體動態十足。紋飾以進口青料描繪，畫工精美，整體造型優雅。十分難得。

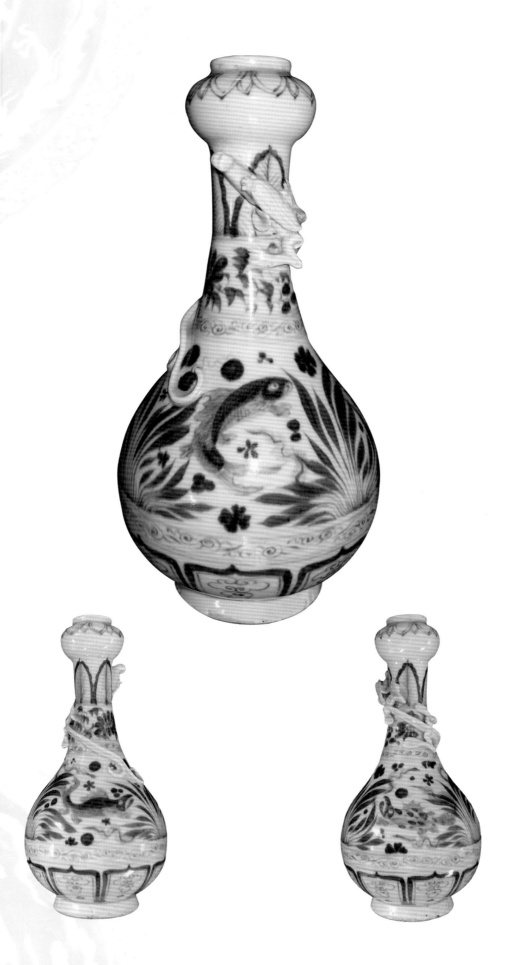

019
元代青花魚藻紋四繫扁壺

YUAN DYNASTY（1271 ～ 1368）
Blue-and-white flask with decorations of fish and aquatic plants
元（1271 ～ 1368）

【高 23.0 公分、口徑 5.5 公分、腹寬 16.5 公分、腹厚 9.0 公分、足底長 16.0 公分、足底寬 8.0 公分】
【H 23.0cm、MD 5.5cm、AW 16.5cm×9.0cm、FW 16.0cm×8.0cm】

此壺小口凸唇、短頸、雙肩平圓，上面各有一對螭龍形繫耳，壺身作扁長方體，足底內凹呈橢圓形。壺腹前後兩面各飾一條鱖魚在水草及水藻中悠游。壺兩側各飾花卉紋。類似扁壺作品傳世稀少。而雙肩上飾螭龍者更少。

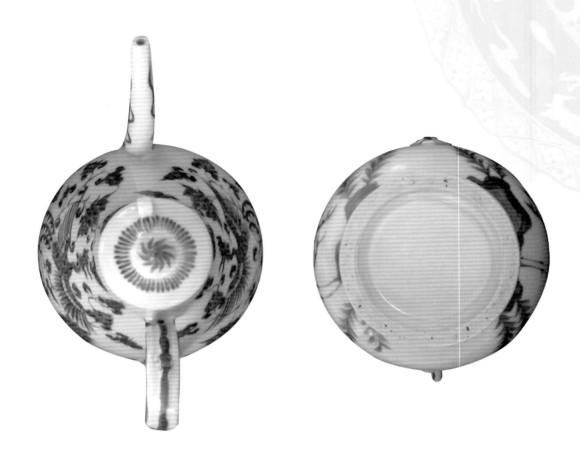

020
元代青花穿蓮鳳鳥紋帶蓋執壺

YUAN DYNASTY（1271 ～ 1368）
Blue-and-white ewer with phoenixes
元（1271 ～ 1368）

【高 24.5 公分、口徑 5.5 公分、腹徑 14.7 公分、足 9.0 公分】
【H 24.5cm、MD 5.5cm、AD14.7cm、FD9.0cm】

此器的壺蓋完整，內凸為台階狀，蓋上有一圓尖鈕，飾以放射狀線紋，蓋面飾以一圈線滴狀紋，蓋邊有一小繫孔。器身呈梨形狀，上窄下寬，左右兩側具有長流和執柄，執柄上有一小繫孔，可與蓋邊的小繫孔以繩兩連繫。器底圈足外撇，壺身正面飾以昂首鳳鳥向上高飛，細長的尾部向下飄垂。背部的鳳鳥與正面的鳳鳥，紋飾大致相同。只是背面的鳳鳥，其鳳首亦朝向壺流的方向。鳳鳥的周邊加飾蓮花、竹石，呈現一幅生氣盎然、美麗祥和的氛圍。圈足飾以一圈卷草紋。（註）類似的作品現藏於北京故宮博物院，有一青花穿鳳紋執壺。參考耿寶昌《青花釉裡紅—（上）》一書。

021

元代青花鳳穿蓮花麒麟穿花卉紋僧帽壺

YUAN DYNASTY（1271 ～ 1368）
Blue-and-white zen-mao flask with scenes of chi-lin and flowers, leaves in a cloud collar points
元（1271 ～ 1368）

【高 28.0 公分、口徑 24.0 公分、腹徑 22.0 公分、足徑 11.0 公分】
【H 28.0cm、MD 24.0cm、AD 22.0cm、FD 11.0cm】

此器壺口呈僧帽型，口沿前端，尖狀似鳥嘴，後端呈階梯升高，直至一小尖頂。口沿飾纏枝花卉紋，往下繪鳳穿蓮紋，接著鼓腹部份繪纏枝花卉紋，其中有二變形蓮瓣紋開光，左右兩邊各一，開光內繪麒麟躍穿花卉紋。在壺口後方及壺腹之間，連有一彎曲把手。把手上繪卷草紋。壺口內部繪纏枝花卉紋，口上有一個帶圓鈕的蓋子，蓋上亦繪纏枝花卉紋。此種僧帽壺為典型波斯風格。現存世的數量非常稀少，因此本器相當珍貴。

022
元代青花雉雞竹石花果紋花口盤

YUAN DYNASTY（1271～1368）
Blue-and-white dish with pheasants amid rocks, bamboo leaves, flowers and grapevines
元（1271～1368）

【高 6.0 公分、口徑 40.0 公分、底徑 25.0 公分】
【H 6.0cm、MD 40.0cm、FW 25.0cm】

　　六瓣菱花式板沿口、弧壁、盤心平坦、矮圈足。足底無釉露胎。口沿處繪纏枝如意紋。內壁繪纏枝蓮花紋。盤心紋飾豐富，兩隻雉雞分立於左右兩塊山石上，均成回首仰天啼鳴狀，翠竹繁盛，折枝菊花及其他花朵，爭奇鬥艷，串串葡萄穿插其間。一幅生意盎然景象。此器青花發色青翠，極為優美，為元代瓷器中極為難得的精品。類似的瓷盤見於英國維多利亞與阿爾伯特博物館。

023

元代青花波浪形折沿邊蓮塘鴛鴦紋盤

YUAN DYNASTY（1271～1368）
Blue-and-white wave-side dish with scene of mandarin ducks in a lotus pond
元（1271～1368）

【高 5.0 公分、口徑 32.0 公分、足徑 17.0 公分】
【H 5.0cm、MD 32.0cm、FD 17.0cm】

波浪形立體折沿包住向外平折的盤口，腹壁向下略為收窄，器底有圓形圈足。盤內繪三圈紋飾，口沿上第一層是卷草紋，側壁為一圈纏枝牡丹紋，五朵盛開的牡丹呈等距排列，纏枝葉片前後交錯，在圓形的器面上迴旋一周；盤心繪一對鴛鴦，面面相覷，四周圍繞著蓮花與荷葉。盤外壁飾一圈五朵等距排列的纏枝牡丹，畫工精美。全器以進口青料繪飾。此種立體波浪形折沿包邊盤十分罕見，可謂為元青花瓷盤中的稀品。

024
元代青花纏枝牡丹紋罐

YUAN DYNASTY（1271～1368）
Blue-and-white jar with peony scrolls
元（1271～1368）

【高 41.0 公分、口徑 28.0 公分、腹徑 49..0 公分、足徑 24.5 公分】
【H 41.0cm、MD 28.0cm、AD 49.0cm、FD24.5cm】

直口、短頸、圓肩，腹以下漸收，足端微外撇，矮圈足，底部無釉。罐口沿飾波濤紋，肩部有纏枝蓮紋一周，主紋為纏枝牡丹紋，脛部為變形蓮紋開光，內繪雲頭紋及垂珠紋。胎體厚重，紋飾以國產青料描繪。

025
元代青花鬼谷子下山圖蓋罐

YUAN DYNASTY（1271 ～ 1368）
Blue-and-white jar and cover with a scene of Gui Guzi coming down from the mountain
元（1271 ～ 1368）

【通高 35.0 公分、高 29.5 公分、口徑 14.3 公分、腹徑 34..0 公分、底徑 15.0 公分】
【TH 35.0cm、H29.5cm、MD 14.3cm、AD 34.0cm、FW15.0cm】

圓 罐、直口、短頸、圓肩，肩上有四獸面紋舖首。腹下漸收，直至底端。底內凹無釉。紋飾，肩部飾纏枝牡丹紋。腹部為主紋，繪鬼谷子下山人物故事圖。鬼谷子乘坐雙虎車，前有侍衛兩名，蘇代身穿官服策馬急馳。鬼谷子身後有騎馬武將一名，手拿「鬼谷」旗幟。人物間以樹木、花石搭配布局。罐上有一帶紐蓋，蓋上繪植物花卉紋。蓋的沿邊飾一圈卷草紋。

鬼谷子

侍衛

武將

蘇代

026
元代青花鬼谷子下山圖大罐

YUAN DYNASTY（1271 ～ 1368）
Blue-and-white jar with a scene of Gui Guzi coming down from the mountain
元（1271 ～ 1368）

【高 32.0 公分、口徑 25.0 公分、腹徑 41.0 公分、足徑 26.0 公分】
【H 32.0cm、MD 25.0cm、AD 41.0cm、FD26.0cm】

直口、短頸、圓肩，腹以下漸收，足端微外撇，矮圈足。紋飾自上而下，依序為波濤紋、纏枝牡丹紋，主紋為鬼谷子下山人物故事圖。脛部繪有蓮瓣紋開光，開光內繪雜寶紋。主紋，鬼谷子乘坐雙虎車，前有侍衛兩名，鬼谷子身後有一將軍執掌鬼谷旗號。蘇代身著官服，策馬急奔。人物間以樹木、花石穿插布局。蘇麻離青的青花紋飾，發色艷麗。

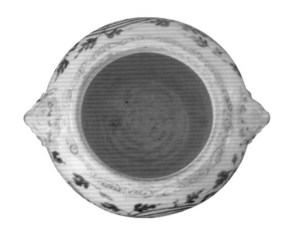
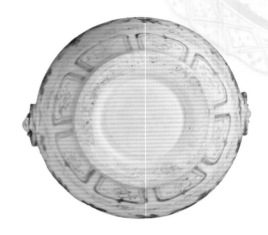

027
元代青花鳳穿菊紋獸耳罐

YUAN DYNASTY（1271～1368）
Blue-and-white jar with phoenixes amid chrysanthemum sprays
元（1271～1368）

【高 15.5 公分、口徑 12.5 公分、腹徑 19.5 公分、足徑 10.5 公分】
【H 15.5cm、MD 12.5cm、AD 19.5cm、FD10.5cm】

直口、短頸、溜肩，鼓腹、淺圈足。肩部上方飾有一對獸耳。獸口部突出二尖牙，咬住銜環。底部無釉，外表通施白釉。整體之裝飾，由上而下，頸部繪有折枝花卉紋。接著是一圈卷草紋。然後腹上繪有主紋，鳳穿菊紋。再下方以卷草紋圍繞一圈。脛部繪有變形蓮瓣紋開光，開光內繪雲頭垂珠紋。整體紋飾豐富，主紋充滿動感。

028

元代青花纏枝菊紋罐

YUAN DYNASTY（1271 ~ 1368）
Blue-and-white jar with chrysanthemum scrolls
元（1271 ~ 1368）

【高 13.5 公分、口徑 8.7 公分、腹徑 14.5 公分、足徑 8.5 公分】
【H 13.5cm、MD 8.7cm、AD 14.5cm、FD 8.5cm】

直口、短頸、圓肩，鼓腹、腹以下漸收，足端微外撇，矮圈足，底部無釉。罐口沿飾回紋，肩部有錢紋（半部）一周，主紋為纏枝菊紋，脛部為蓮瓣紋，四層紋飾之間各以二道弦紋相隔，紋飾以國產青料描繪，相當清晰、秀麗。

029

元代青花鴛鴦池塘紋罐

YUAN DYNASTY（1271 ～ 1368）
Blue-and-white jar with mandarin ducks in a lotus pond
元（1271 ～ 1368）

【高 11.0 公分、口徑 7.5 公分、腹徑 12.0 公分、足徑 6.0 公分】
【H 11.0cm、MD 7.5cm、AD 12.0cm、FD 6.0cm】

直口、短頸、圓肩，鼓腹、腹以下漸收，矮圈足，足底無釉。罐口沿飾卷草紋，肩部有纏枝菊紋一周，主紋為蓮池鴛鴦紋。池中蓮花盛開，水草搖曳。青花以進口青料描繪，發色艷麗。

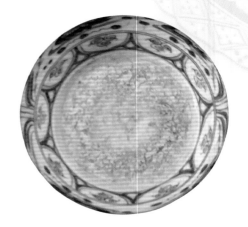

030
元代青花鴛鴦池塘紋罐

YUAN DYNASTY（1271 ～ 1368）
Blue-and-white jar with mandarin ducks in a lotus pond
元（1271 ～ 1368）

【高 11.2 公分、口徑 7.5 公分、腹徑 12.4 公分、足徑 6.4 公分】
【H 11.2cm、MD 7.5cm、AD 12.4cm、FD 6.4cm】

直口、短頸、圓肩，鼓腹、腹以下漸收，矮圈足，足底無釉。罐口沿飾錢紋（半部）。主紋為蓮池鴛鴦紋。一對鴛鴦分在池中的兩邊，互相對應。池中蓮花盛開，水草搖曳。脛部繪蓮瓣紋。整體佈局豐富，充滿悠閒自在的氣氛。

 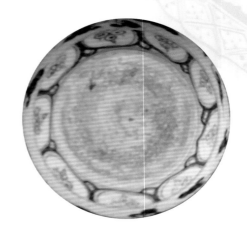

031
元代青花纏枝蓮紋罐

YUAN DYNASTY（1271 ～ 1368）
Blue-and-white jar with lotus flowers
元（1271 ～ 1368）

【高 11.0 公分、口徑 7.0 公分、腹徑 12.5 公分、足徑 6.8 公分】
【H 11.0cm、MD 7.0cm、AD 12.5cm、FD 6.8cm】

直口、短頸、圓肩，鼓腹、腹以下漸收，矮圈足，足底無釉。罐口沿飾卷草紋。主紋為纏枝蓮紋。脛部為蓮瓣紋。三層紋飾之間各以二道弦紋相隔。整體佈局合協，主紋凸顯，充滿雅緻秀麗的氣氛。

032
元代青花串枝菊花紋罐

YUAN DYNASTY（1271 ～ 1368）
Blue-and-white jar with chrysanthemum sprays
元（1271 ～ 1368）

【高 7.5 公分、口徑 5.0 公分、腹徑 8.4 公分、底徑 5.5 公分】
【H 7.5cm、MD 5.0cm、AD 8.4cm、FW 5.5cm】

此罐圓口、短直頸、圓鼓腹、平底。罐身口沿處飾以回紋。圓腹上，飾以橫向展開的串枝菊花紋，環繞一周。紋飾的色澤，藍中泛灰，此為國產青料。底部無釉。此種小罐主要是出口到東南亞地區。

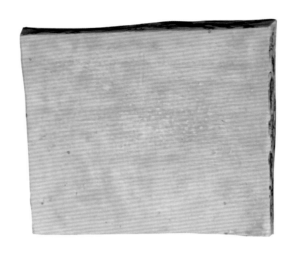

033
元代青花龍鳳鴛鴦蓮池紋長方形盤

YUAN DYNASTY（1271 ～ 1368）
Blue-and-white rectangular dish decorated with dragon and phoenix
元（1271 ～ 1368）

【高 5.0 公分、口徑 33.0 公分 ×29.0 公分、足徑 31.0 公分 ×27.0 公分】
【H 5.0cm、MD 33.0cm×29.0cm、FD 31.0cm×27.0cm】

此盤呈長方形，口比底略大，上大下小，略呈敞口狀。全器飾以青花，內部四邊為纏枝花卉紋。內底飾龍飛鳳舞紋，空白處填以朵雲紋。盤外側，一相對的兩個邊飾以雙龍爭珠紋。另一相對的兩邊，則為鴛鴦蓮池紋。整體造形典雅，紋飾活潑明朗舒暢。此類長方形大盤，由於燒製成功的難度很大，所以存世量非常稀少。

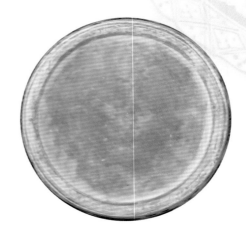

034

元代青花鴛鴦水藻紋筒爐

YUAN DYNASTY（1271～1368）
Blue-and-white jar with mandarin ducks in lotus pond
元（1271～1368）

【高 16.0 公分、口徑 26.8 公分、足徑 20.0 公分】
【H 16.0cm、MD 26.8cm、FD 20.0cm】

此器呈圓口、圓底、上大下小斜形筒狀。正上方口沿飾對稱簡化之花卉紋。筒壁上方飾以一圈回紋，周圍飾以四幅同樣的鴛鴦水藻紋。在搖曳的蓮池中，一對鴛鴦正前後追逐戲水。此種筒爐造型的元代青花瓷器存世較少，除本器外，目前僅知北京故宮博物院藏有一元青花八卦紋筒爐，口徑 15.5 公分[註]。

【註】見《青花瓷鑒定》一書，張浦生、霍華 著（壹）P.132

元代青花瓷

YUAN BLUE-AND-WHITE PORCELAINS

元代藍地白花藍釉瓷

　　此種藍釉瓷器是以紋飾周邊的地子，施以鈷料和釉料所調製的藍釉，形成藍地與白釉紋飾配合的裝飾。本書中所列：

1. 元代藍地白花雙龍紋八稜罐（高41.0公分）。底有「古相博陵第」之瓷牌，及張文進造等字樣。
2. 元代藍地白花雲龍紋雙獸耳罐（高41.0公分）。圈足內有以白瓷泥書寫「內府」二字。
3. 元代藍地白花雲龍紋雙魚耳瓶（高47.5公分）。底有「古相博陵第」之瓷牌。
4. 元代藍地白花蓮塘鴛鴦紋雙獸耳瓶（高48.5公分）。瓶頸上書寫「內府」二字。
5. 元代藍地白花雲龍紋梅瓶（高44.5公分）。底有「古相博陵第」之瓷牌，及瓶上有「內府」二字。
6. 元代藍地白花雲龍紋玉壺春瓶（高45.0公分）。底有「古相博陵第」之瓷牌及瓶上有「內府」二字。

　　筆者收藏以上六件藍釉瓷，是以地質學沉積學及器物自然老化的角度來認定其為元代文物。而「古相博陵第」之瓷牌等等只是作為附帶參考或佐証之用而已。

　　元代瓷匠張文進（1308～1358），卒於至正十八年，享年49歲。他就「千古相傳」字彙，擷取「古相」與「博陵第」當作「張氏作坊」的堂號標誌。意即貼有此瓷牌者，方為「張氏作坊」的正宗產品。以便拓展元朝國內外（土耳其、波斯、伊斯蘭教諸國）的窯業貿易。此瓷牌黏貼於瓷器的底部，形似玉牌，凸印的長方形戳記「古相博陵第」陰刻款，喻意深遠。

035

元代藍地白花雙雲龍紋雙獸耳八稜罐

YUAN DYNASTY（1271 ～ 1368）
Blue-and-white eight-faceted jar with a dragon and clouds in white reserved on blue ground
元（1271 ～ 1368）

【高 41.0 公分、口徑 16.0 公分、腹徑 33.0 公分、足徑 19.0 公分】
【H 41.0cm、MD 16.0cm、AD 33.0cm、FD 19.0cm】

此器成八方口、直頸、斜肩、鼓腹、腹下收斂、腹底圈足微撇、不施釉、淺凹足，足內有一長方形牌狀物，似「古相博陵第」之形態。而足內另有「至正八年五月吉日 張文進造」之字樣，則清晰可見。本器呈八稜狀，肩部有一組獸形器耳。斜肩上飾法螺、方勝、火焰等雜寶紋。罐身上飾淺浮雕環繞腹壁的兩隻龍紋與火焰紋。龍曲頸昂首，張口吐舌，龍身為彎曲形，四肢奔騰狀，肢爪三足勁張。背上鬃毛成排豎起。頰下與肘處之毫，隨風而飄。整個身體柔軟有力。全身輪廓及龍鱗以陰刻線條刻劃，凹凸起伏，再覆上高溫透明釉。龍的外圍施以鈷料和釉料所調和的藍釉，讓藍底白釉呈現龍的造形。此種八稜大罐少見，藍地白花紋的，目前所知僅有本件。

036
元代藍地白花雲龍紋雙獸耳罐

YUAN DYNASTY（1271～1368）
Blue-and-white jar with a dragon and clouds in white reserved on blue ground
元（1271～1368）

【高 41.0 公分、口徑 15.0 公分、腹徑 33.4 公分、足徑 19.3 公分】
【H 41.0cm、MD 15.0cm、AD 33.4cm、FD 19.3cm】

此器成圓口、直頸、斜肩、鼓腹、腹下收斂、腹底圓圈足微撇、不施釉、淺凹足。肩部有一組獸形器耳。斜肩飾一組對稱的雲紋。罐身上飾淺浮雕環繞腹壁一圈的龍紋與火焰紋。龍曲頸昂首，張口吐舌，龍身為彎轉形，四肢奔騰狀，肢爪四足勁張。背上的鬃毛成排豎起。頦下與肘處之毫，隨風而飄。整個身體柔軟有力。全身輪廓及龍鱗以陰刻線條刻劃，凹凸起伏，再覆上高溫透明釉。龍的外圍施以鈷料和釉料所調和的藍釉，讓藍底白釉呈現龍的造形。凹足處有白瓷泥形成的凸紋，呈現「內府」二字。全器典雅大方，具有官府瓷的氣勢。

037
元代藍地白花雲龍紋雙魚耳瓶

YUAN DYNASTY（1271～1368）
Blue-and-white vase with design of a dragon and clouds in white reserved on blue ground
元（1271～1368）

【高 47.5 公分、口徑 13.7 公分、腹徑 27.5 公分、足徑 14.7 公分】
【H 47.5cm、MD 13.7cm、AD 27.5cm、FD 14.7cm】

此器略呈盤口、直頸、豐肩、腹下收斂，肩部有一組對稱的魚形耳。肩上有「內府」二字，對邊的肩上為花卉紋。罐身上飾淺浮雕環繞腹壁一周的龍紋與火焰紋及雲紋。龍曲頸昂首，張口吐舌，龍身為彎曲形，四肢奔騰狀，龍爪三足勁張。背上的鬃毛成排豎起。頰下與肘處之毫，隨風而飄。整個身體柔軟有力。全身輪廓及龍鱗以陰刻線刻劃凹凸起伏，再覆上高溫透明釉，龍的外形施以鈷料和釉料所調和的藍釉，讓藍底白釉呈現龍的造形，凹足處有一長方形牌狀物，上刻「古相博陵第」五字。

038

元代藍地白花蓮塘鴛鴦紋雙獸耳瓶

YUAN DYNASTY（1271～1368）
Blue-and-white vase with scene of mandarin ducks in lotus pond in white reserved on blue ground
元（1271～1368）

【高 48.5 公分、口徑 7.5 公分、腹徑 26.5 公分、足徑 15.7 公分】
【H 48.5cm、MD 7.5cm、AD 26.5cm、FD 15.7cm】

盤 口先是外敞到最大，在往內往上縮小至幾乎是一半大小。長頸，頸部有一對獸首耳，球形腹部、台足、凹底無釉。頸上寫有「內府」二字，其對面飾花卉紋。腹上描繪一對鴛鴦，正面相對，悠遊自在。周邊圍繞蓮花與荷葉。紋飾皆以線條刻劃凹凸起伏，再覆上高溫透明釉。紋飾的外圍施以鈷料和釉料所調和的藍釉，讓藍底白釉呈現紋飾的造形。腹上紋飾，在有「內府」文字的這面與其對面花卉紋的一面，皆相同。

039

元代藍地白花雲龍紋梅瓶

YUAN DYNASTY（1271 ～ 1368）
Blue-and-white mei-ping vase with design of a dragon and clouds in white reserved on blue ground
元（1271 ～ 1368）

【高 44.5 公分、口徑 6.0 公分、腹徑 26.7 公分、足徑 13.8 公分】
【H 44.5cm、MD 6.0cm、AD 26.7cm、FD 13.8cm】

小口折沿、短頸、豐肩、瓶身碩長、底不施釉，淺凹足。器身上飾淺浮雕龍紋，龍曲頸昂首，張口吐舌。龍身以彎轉形繞腹壁半周，四肢奔騰狀，肢爪三足勁張，背上的鬃毛成排豎起。頰下與肘處之毫隨風而飄。整個身體柔軟有力。全身以陰刻線條強調身上表面的凹凸起伏，再覆上高溫透明釉，周圍施以鈷料和釉料所調和的藍釉，讓藍底白釉呈現龍的造形。龍的上方有「內府」二字。另半邊腹壁上飾以麒麟、鳳鳥、花卉、雲紋等紋飾。瓶底有一長方形牌狀物，上刻「古相博陵第」五字。全器碩大精美，顯示出本器為官府之物。

040

元代藍地白花雲龍紋玉壺春瓶

YUAN DYNASTY（1271 ～ 1368）
Yu-hu-cun bottle with design of a dragon and clouds in white reserved on blue ground
元（1271 ～ 1368）

【高 45.0 公分、口徑 14.5 公分、腹徑 25.8 公分、足徑 15.5 公分】
【H 45.0cm、MD 14.5cm、AD 25.8cm、FD 15.5cm】

此瓶敞口、束頸、溜肩、垂腹，腹底圈足微撇。底不施釉，淺凹足。瓶口飾花卉紋。器身上飾淺浮雕龍紋，龍曲頸昂首，張口吐舌，龍身以彎轉形繞腹壁一周。四肢奔騰狀，肢爪三足勁張。背上的鬃毛成排豎起。頰下與肘處之毫隨風而飄。整個身體柔軟有力。全身輪廓及龍鱗以陰刻線條刻劃凹凸起伏，再覆上高溫透明釉。龍的外圍施以鈷料和釉所調和的藍釉，讓藍底白釉呈現龍的造形，龍的上方有「內府」二字。瓶底有一長方形牌狀物，上刻「古相博陵第」五字。

元代 青花瓷

YUAN BLUE-AND-WHITE PORCELAINS

元代白地藍花與藍地白花共存之青花瓷

在元代時，白滸孤窯，窯系是當時六大名窯之一。此窯自南宋初期創燒，到元代時工藝水準達到最高。明末清初熄火。白滸孤窯位於今江西撫州市臨川區溫泉鎮白滸渡村一帶。窯地在崇仁河、宣黃河兩大水系匯合處。

元代青花魚藻紋與藍地白花雲龍紋大盤（口徑41.5公分）其圈足內有「白滸孤窯」四字。這件作品是少有的「窯址款」的瓷器珍品。

041
元代青花魚藻紋與藍地白花雲龍紋大盤

YUAN DYNASTY（1271～1368）
Blue-and-white large dish with fish and aquatic plants and with white reserved design of two dragons on blue ground
元（1271～1368）

【高 7.2 公分、口徑 41.5 公分、足徑 24.0 公分】
【H 7.2cm、MD 41.5cm、FD 24.0cm】

花口大盤的盤口外折，腹壁向下漸收漸窄直至圓形圈足。瓷盤外繪一圈變形仰蓮紋。花口的盤口上最外圍飾斜格錦紋。再向內一圈描繪兩隻同向環繞中心的藍地白花雲龍紋。中心則為青花魚藻紋。一尾鱖魚在水草及藻類中穿梭。圈足內有「白潕孤窟」四字，足內無釉。此盤兼具了「白地青花」與「藍地白花」兩種技法。二者互相呼應，匠心獨具。

元代 釉裡紅瓷

元代白地紅花釉裡紅瓷

元代除了在青花瓷器上展現了創新的技藝之外，釉裡紅瓷器也是一項不可磨滅的創新藝術。由於華人喜歡紅色的色彩，一般認為是喜慶之色，所以釉裡紅瓷器也廣受人們的青睞。景德鎮的瓷匠們無不卯足全力想製造出色澤美麗艷紅的釉裡紅瓷。由於釉裡紅瓷是釉下彩瓷的一種，將銅紅的礦物彩料在瓷胎上描繪紋飾，再罩上一層透明釉，入窯以高溫還原氣氛的環境下燒製而成。困難度高，產量和完美的成品一直不多。若技術不足，掌握不準確，很容易造成產品泛灰、褐色或黑色的現象。所以一件成功產品的出現，除了靠人力之外，似乎還有幾分運氣的成份。

縱使到了清代初年的雍正、乾隆兩朝製瓷技術可說是達到頂峰的時期，也很難掌握到釉裡紅瓷器的品質，只好以釉上彩的紅色彩來取代釉裡紅的角色。顯見元代的瓷匠們在短短的數十年時間裡，將釉裡紅瓷與青花瓷燒造的有如巧奪天工、美輪美奐的珍寶，躍居世界舞台頂端，真是難能可貴。

【註】即一般常見之元代釉裡紅瓷。

042
元代釉裡紅鳳穿菊紋雙蝙蝠耳罐

YUAN DYNASTY（1271～1368）
Underglaze-red jar with phoenixes and chrysanthemum scrolls
元（1271～1368）

【高 26.5 公分、口徑 9.3 公分、腹徑 22.0 公分、足徑 12.7 公分】
【H 26.5cm、MD 9.3cm、AD 22.0cm、FD 12.7cm】

此器成圓口、小鼓頸、斜肩、鼓腹、腹下漸收，圈足微外撇。肩部有一組對稱的蝙蝠耳。外表繪五層紋飾。小鼓頸上飾卷草紋，下飾纏枝牡丹紋。腹部主紋是兩個菱花紋邊框，框內繪鳳穿菊石花卉紋，菱花紋邊框周圍布滿纏枝牡丹花。罐腹下端飾以變體仰蓮紋，內填雲頭紋。圈足上繪波濤紋。全器線條優美雅緻，釉裡紅紋飾紅艷悅目。造型在元代青花瓷及釉裡紅瓷中，十分罕見，是一件非常難得的精品。

043

元代釉裡紅纏枝牡丹紋梅瓶

YUAN DYNASTY（1271 ～ 1368）
Underglaze-red vase with peony scrolls
元（1271 ～ 1368）

【高 35.0 公分、口徑 4.5 公分、腹徑 21.5 公分、足徑 10.5 公分】
【H 35.0cm、MD 4.5cm、AD 21.5cm、FD 10.5cm】

小　口折沿、短頸、豐肩、腹下部內收，淺圈足，足底無釉。器身自上而下有五層紋飾。肩上部繪
　　一周雜寶紋，其下是一圈纏枝蓮花紋，腹部周身繪纏枝牡丹紋，接著是一條較窄的卷草紋，脛
部繪飾一圈變形蓮瓣紋開光，內繪雲頭紋及向下火焰紋。上下紋飾帶之間均以二道弦紋相隔。整體構圖
緊密，層次分明，主題突出，器形高大，線條優美。梅瓶在宋元時廣為流行，是一種盛酒容器，也可作
為插花使用。類似之梅瓶見於上海博物館，但為青花瓷，因釉裡紅瓷較難以燒造成功，故此器殊為難得，
為罕見之釉裡紅瓷精品。

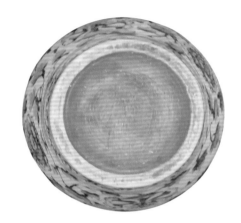

044

元代釉裡紅纏枝牡丹紋梅瓶

YUAN DYNASTY（1271 ～ 1368）
Underglaze-red vase with peony scrolls
元（1271 ～ 1368）

【高 28.0 公分、口徑 3.8 公分、腹徑 18.8 公分、足徑 10.0 公分】
【H 28.0cm、MD 3.8cm、AD 18.8cm、FD 10.0cm】

小口折沿、短頸、豐肩、腹下部內收，淺圈足，足底無釉。器身自上而下有五層紋飾。肩上部繪一周雜寶紋，其下是一圈纏枝蓮花紋，腹部周身繪纏枝牡丹紋，接著是一條較窄的卷草紋，脛部繪飾有一圈變形蓮瓣紋開光，內繪雲頭紋及垂珠紋。上下紋飾帶之間均以二道弦紋相隔。整體構圖緊密，層次分明，主題突出，器形高大，線條優美。在宋元時梅瓶廣為流行，是一種盛酒器，也可作為插花使用。

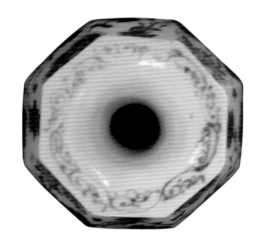

045

元代釉裡紅牡丹紋八角玉壺春瓶

YUAN DYNASTY（1271～1368）
Underglaze-red octagonal yu-hu-cun bottle with peony scrolls
元（1271～1368）

【高 36.0 公分、口徑 10.0 公分、腹徑 20.0 公分、足徑 12.0 公分】
【H 36.0cm、MD 10.0cm、AD 20.0cm、FD 12.0cm】

此器呈敞口、束頸、溜肩、垂腹之狀，腹底圈足微撇。器身作八稜形。以六層紋樣為飾。口沿至頸部為蕉葉紋，接著為錢紋，再來為倒變形蓮瓣紋開光，內繪雜寶紋，腹部主紋為纏枝牡丹紋，之下為斜格紋，近底處為變形蓮瓣紋開光，內繪雲頭垂珠紋。此種多稜形是取材於中東的金屬器或玻璃器造形。

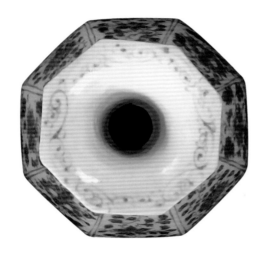

046

元代釉裡紅花卉紋八角玉壺春瓶（與下一件共為一對）

YUAN DYNASTY（1271～1368）
Underglaze-red octagonal yu-hu-cun bottle with design of floral sprays
元（1271～1368）

【高 36.5 公分、口徑 10.0 公分、腹徑 20.0 公分、足徑 12.0 公分】
【H 36.5cm、MD 10.0cm、AD 20.0cm、FD 12.0cm】

此 器呈敞口、束頸、溜肩、垂腹之狀，腹底圈足微撇。器身作八稜形。以六層紋樣為飾。由上而
下口沿至頸部為蕉葉紋，接著為回紋，再來為倒變形蓮瓣紋開光，內繪雲頭垂珠紋，腹部主紋
為各式花卉紋，之下為斜格紋，近底處為變形蓮瓣紋開光，內繪雲頭垂珠紋。此種多稜形是取材於中東
的金屬器或玻璃器造形。

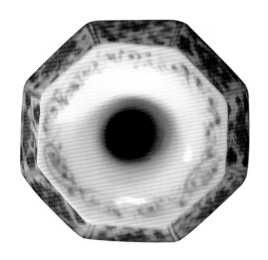

047
元代釉裡紅花卉紋八角玉壺春瓶（與上一件共為一對）

YUAN DYNASTY（1271 ～ 1368）
Underglaze-red octagonal yu-hu-cun bottle with design of floral sprays
元（1271 ～ 1368）

【高 36.5 公分、口徑 10.0 公分、腹徑 20.0 公分、足徑 12.0 公分】
【H 36.5cm、MD 10.0cm、AD 20.0cm、FD 12.0cm】

此 器與上一件形成一對，外形及紋飾皆相同。元代釉裡紅瓷器成色不易，產品不多，而生產一對更是稀少，再歷經七、八百年仍保存完美，實屬不易。

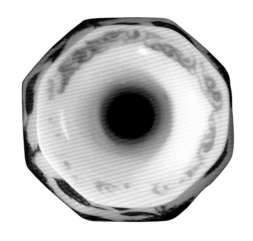

048

元代釉裡紅纏枝牡丹紋八角玉壺春瓶（一對）

YUAN DYNASTY（1271 ～ 1368）
Underglaze-red octagonal yu-hu-cun bottle with peony scrolls
元（1271 ～ 1368）

【高 28.0 公分、口徑 8.0 公分、腹徑 14.5 公分、足徑 8.0 公分】
【H 28.0cm、MD 8.0cm、AD 14.5cm、FD 8.0cm

此瓶為喇叭口、細長頸、垂鼓腹、八方形器身，圈足微外撇，淺圈足，足底無釉，足內施白釉。以釉裡紅在外翻的口沿上飾卷草紋，器身上飾纏枝牡丹紋及庭石紋。牡丹的枝條向上沿展，枝頭上的牡丹，有的展瓣盛開，有的含苞待放。葉片迎風招展，分佈其間。一片花開富貴、華麗景象。庭石紋也很難得在此件作品中顯現，這對其後明清兩代的庭石紋作了啟發的作用。

049
元代釉裡紅纏枝菊紋玉壺春瓶

YUAN DYNASTY（1271 ～ 1368）
Underglaze-red yu-hu-cun bottle with chrysanthemum scrolls
元（1271 ～ 1368）

【高 26.5 公分、口徑 7.6 公分、腹徑 14.3 公分、足徑 8.2 公分】
【H 26.5cm、MD 7.6cm、AD 14.3cm、FD 8.2cm】

此瓶為喇叭口、束頸、溜肩、垂鼓腹，圈足微外撇。整器用銅紅原料繪五層花紋由上而下：頸部為蕉葉紋、卷草紋、腹部為纏枝菊紋、卷草紋、變體仰蓮紋內繪雲頭紋，釉裡紅發色鮮豔，花紋層次清晰、造型優美。

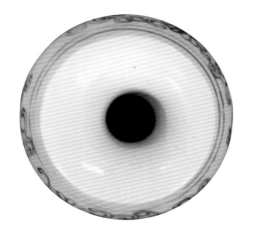 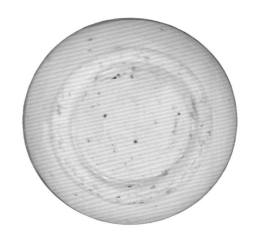

050

元代釉裡紅花卉紋玉壺春瓶

YUAN DYNASTY（1271 ～ 1368）
Underglaze-red yu-hu-cun bottle with flowers and scrolls
元（1271 ～ 1368）

【高 20.5 公分、口徑 7.0 公分、腹徑 12.0 公分、足徑 7.5 公分】
【H 20.5cm、MD 7.0cm、AD 12.0cm、FD 7.5cm】

此瓶為喇叭口、束頸、溜肩、垂鼓腹，腹下部內收，圈足微外撇，足底無釉。此器主紋用銅紅料繪纏枝菊紋。頸部及腹部上方各有二道弦紋。主紋的下方繪三道弦紋。釉裡紅顯色清晰。

051
元代釉裡紅花卉紋八角執壺

YUAN DYNASTY（1271 ～ 1368）
Underglaze-red octagonal ewer with a long spout
元（1271 ～ 1368）

【高 27.0 公分、口徑 8.0 公分、腹徑 15.0 公分、足徑 8.5 公分】
【H 27.0cm、MD 8.0cm、AD 15.0cm、FD 8.5cm】

壺身呈敞口、束頸、鼓腹下垂之狀，腹下圈足微外撇，器身兩側，一側為細長的彎流，另一側為勾捲狀的執柄。流與壺體之間以雲形橋板連接，兼具固定的作用。壺身呈八稜形，由上而下繪飾蕉葉紋、迴紋、側蓮紋邊框，內繪卷雲紋及火焰紋、各式折枝花卉紋、卷草紋、蓮瓣紋邊框，內飾雲頭垂珠紋。執柄及流上皆飾有卷草紋。類似的器形和紋飾，可見於河北保定市永華路小學出土的元青花八稜執壺，但本器為釉裡紅瓷。

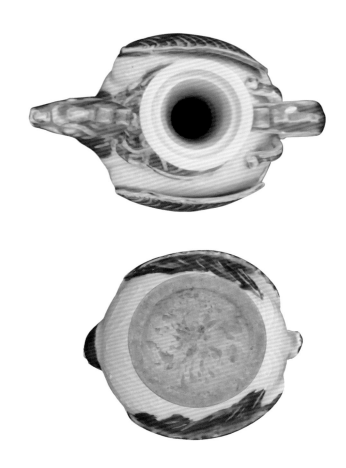

052

元代釉裡紅鳳首流執壺

YUAN DYNASTY（1271 ～ 1368）
Underglaze-red ewer with a phoenix-head spout
元（1271 ～ 1368）

【高 26.0 公分、口徑 6.5 公分、足徑 8.9 公分】
【H 26.0cm、MD 6.5cm、FD 8.9cm】

壺 體如鳳鳥體，小口圓唇，口上有圓紐蓋，長頸，頸部下端繪飾蕉葉紋，壺嘴塑成鳳頭，壺把塑成捲起的鳳尾。鳳的羽翼覆在壺的上面。這種將裝飾與造形融為一體的器皿，是元代瓷器的高超技藝結晶。鳳首流執壺，青花有之，本件釉裡紅製品，非常罕見，造形與青花器略異。

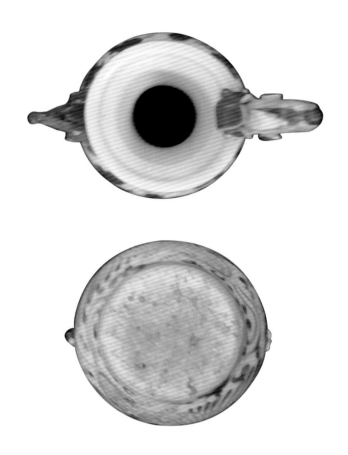

053
元代釉裡紅龍把手鳳首流執壺

YUAN DYNASTY（1271～1368）
Underglaze-red ewer with a dragon-shaped handle and a phoenix-head spout
元（1271～1368）

【高 18.0 公分、口徑 6.7 公分、足徑 5.5 公分】
【H 18.0cm、MD 6.7cm、FD 5.5cm】

盤口、長頸、溜肩、鼓腹。頸部繪飾蕉葉紋。壺把塑成龍首與龍身。龍嘴咬住壺口。壺嘴塑成鳳頭。壺的腹部飾有鳳穿花卉紋。整個造型獨特高雅。鳳首流壺，元青花瓷器中有之，但釉裡紅製品，相當罕見。

054

元代釉裡紅纏枝蓮花紋罐

YUAN DYNASTY（1271 ～ 1368）
Underglaze-red jar with lotus and scrolls
元（1271 ～ 1368）

【高 12.0 公分、口徑 7.5 公分、腹徑 11.0 公分、足徑 7.5 公分】
【H 12.0cm、MD 7.5cm、AD 11.0cm、FD 7.5cm】

直 口、短頸、斜肩、鼓腹、腹以下漸收，器底淺凹。斜肩處繪二道弦紋，腹部以黃灰色釉料描繪出蓮花紋及卷草紋輪廓後再填以銅紅料。主紋上方有三道弦紋，下方及脛部各有二道弦紋。

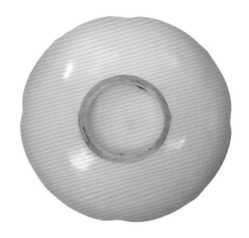

055

元代釉裡紅雲龍紋花口盤

YUAN DYNASTY（1271 ～ 1368）
Underglaze-red dish with foliated rim and a running dragon in the center
元（1271 ～ 1368）

【高 4.5 公分、口徑 17.0 公分、底徑 5.5 公分】
【H 4.5cm、MD 17.0cm、FW 5.5cm】

盤的口沿製成四個花瓣形，盤壁呈弧面狀，向下斜收，器底有圓形圈足。盤中央繪一龍，龍迎風昂首，張口吐舌，龍身矯健，順著盤心外緣迴轉，三尖爪大張，背上的短鬣直立豎起，身上的毫鬣向後飛飄，展現出騰空的動感，龍首旁散布火焰紋，為整個紋飾增加不凡的感覺。

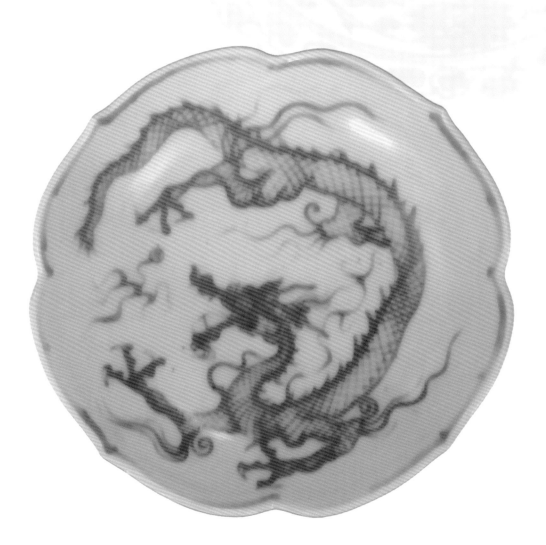

056
元代釉裡紅纏枝花卉紋菱口盤

YUAN DYNASTY（1271 ～ 1368）
Underglaze-red dish with flowers and scrolls
元（1271 ～ 1368）

【高 4.0 公分、口徑 19.0 公分、足徑 7.8 公分】
【H 4.0cm、MD 19.0cm、FD 7.8cm】

十 二瓣菱花式板沿口、弧壁、盤心平坦、矮圈足。足底無釉露胎。其外圍繪一圈纏枝蓮花紋。正面口沿處繪纏枝花卉紋。內壁繪纏枝蓮花紋。盤心繪折枝菊花紋。花卉爭奇鬥艷，一幅充滿生氣與富麗的景象。此器釉裡紅發色清晰、紅艷，極為優美。菊花紋先有印模的痕跡，再著銅紅料，此為元代釉裡紅瓷中，一種特有工序。明清兩代少有此種作法。

057

元代釉裡紅雙鳳牡丹紋化妝盒

YUAN DYNASTY（1271 ～ 1368）
Box in underglaze-red with two phoenixes and peony scrolls
元（1271 ～ 1368）

【高 8.5 公分、長 24.5 公分、寬 15.0 公分】
【H 8.5cm、L 24.5cm、W 15.0cm】

本器為一化裝盒，最前方是一梯形凹槽，可存放水。近方為一長方形檯子，其上有三個不同形狀（菱形、屋形及花形）的小凹槽，可分別放置化裝品類之物，例如胭脂、粉等物。檯下有一小抽屜，可拉出、推入，放置一些小物件。全器表面飾有釉裡紅纏枝牡丹紋。盒的兩側各飾有一鳳鳥紋。整個化裝盒造形優美，紋飾華麗。文獻上尚未出現過，可能此為唯一的一件。

058

元代釉裡紅一把蓮紋匜

YUAN DYNASTY（1271 ～ 1368）
Underglaze-red spouted bowl with lotus flowers
元（1271 ～ 1368）

【高 3.5 公分、口徑 12.0 公分 ×14.3 公分、底徑 8.3 公分】
【H 3.5cm、MD 12.0cm×14.3cm、FW 8.3cm】

匜，最早出現時應在商代，以銅器，即青銅匜聞名，用途為水器。後來盛行於春秋，以後逐漸改變為實用器，仍以青銅、陶瓷為主。元代時的瓷匜，在流的下方增加了卷雲狀之物。有青花、釉裡紅、青瓷等不同釉色出現。本器為敞口、方唇、淺圓腹、平底。一側有流。口、底無釉。外壁繪一圈卷草紋，內壁亦繪有一圈卷草紋，圓形內底在雙圈圓內飾一把蓮的紋樣。全器造形古樸，而以釉裡紅紋飾呈現則較為少見。

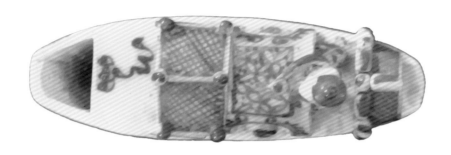

059

元代釉裡紅船形水注

YUAN DYNASTY（1271 ～ 1368）
Underglaze-red water-pot in form of boat
元（1271 ～ 1368）

【高 12.5 公分、長 21.5 公分、寬 7.0 公分】
【H 12.5cm、L 21.5cm、W 7.0cm】

本器為一水注，造形採用船的形狀，相當別緻。船的中間較寬，前艙為尖頂，中艙為圓頂，後艙低矮，採用拱形蓬頂。老梢公立於船尾。水注的水貯於船體，船頭為流水口。此件以釉裡紅勾勒，前艙的頂為蓆紋，中艙的頂為錢紋。兩側為卷草紋。船舷也以釉裡紅裝飾，表現出民間的色彩，別出心裁。

元代釉裡紅瓷

元代

YUAN
UNDER-GLAZE-RED
PORCELAINS

元代紅地白花紅釉瓷

　　此種紅釉瓷是以銅紅料和釉料所調製的紅釉，再將紅釉塗在必要的部位。而某些部位則避開，例如人的臉部或頭部，以及邊緣，及稜線的地方。以便產生紅白兩色的色感以及對比現象，達到形與色的充分表現。例如元代紅釉船形採蓮紋水注（長 25.0 公分）。採蓮人的頸部只有透明釉，讓白瓷的白色本質呈現出來。船舷、船屋邊緣、蓮葉邊等等，該留白的地方，即留白，讓紅色與白色互相搭配與襯托，達到色彩和諧的境界。再如元代紅釉屋形瓷枕（長 21.0 公分）。人的面部、以屋頂為枕面的邊緣、牆面上的花紋、竹竿紋，皆以留白的方式來與紅釉搭配襯托出紋飾。可見元代時的瓷匠在有限的色彩下，竭盡腦力來創造出形與色的多樣化，呈現最美的巧思。

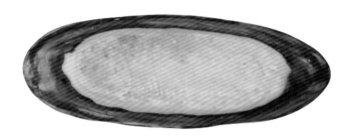

060

元代紅釉船形採蓮紋水注

YUAN DYNASTY（1271 ～ 1368）
Red-glaze water pot in form of boat
元（1271 ～ 1368）

【高 15.0 公分、長 25.0 公分、寬 9.5 公分】
【H 15.0cm、L 25.0cm、W 9.5cm】

本器為一水注，採用船的造形，別有創意。船的中間較寬，頭尾較窄。船上有一船艙，其上有一拱形頂。有一採蓮人坐於船尾，神態安祥，背上有一遮陽帽。採蓮人的旁邊及船頭甲板上，放置有從水中採上來的蓮葉。水注的水貯於船體內。船頭為流水口。此器以紅釉為顏色來裝飾。深淺濃淡合宜，與留白處搭配妥當，相得益彰。是難得的作品。

061

元代紅釉屋形瓷枕

YUAN DYNASTY（1271～1368）
Red glaze pillow with form of house and decorated with flowers
元（1271～1368）

【高 11.5 公分、長 21.0 公分、寬 13.5 公分】
【H 11.5cm、L 21.0cm、W 13.5cm】

此枕以房屋造形形成，屋頂為枕面，屋內飾四位立姿侍女，屋邊圍以牆壁，牆上飾以凸雕花紋。房屋左右兩側飾以凸雕竹竿紋及鏤空花紋。屋後壁分成左右兩部份，各飾紅地白花纏枝花卉紋。全器紅釉，顏色鮮艷，十分秀麗。此件瓷枕十分罕見。應非實用器，而是明器。

元代 釉裡紅瓷

YUAN
UNDER-GLAZE-RED
PORCELAINS

元代白地紅花與紅地白花
同時呈現之釉裡紅瓷

例如元代白地紅花與紅地白花凸刻雲龍波濤紋雙獸耳罐（高 45.0 公分）本器以釉裡紅方式將頸部及其下一圈回紋與一圈錢紋。腹部的雲龍紋留白，其邊緣部分以釉裡紅線描的方式繪成波濤紋。造成了白花雲龍紋翻騰於紅底色波濤中的感覺。

再如元代白地紅花與紅釉紅地白花鳳穿卷雲紋罐（高 17.0 公分）本器在斜肩處刻劃卷草紋，再用釉裡紅加繪，這是元代的手法。腹部的主紋為留白的鳳穿卷雲紋，其周邊施以紅釉（即銅紅料和釉料所調和而成）。本器充分展現了刻劃技法、釉裡紅、紅釉技法都展現無遺。脛部刻劃一圈變體仰蓮紋，應該也有加釉裡紅，可能應底部溫度過高而未顯現紅色的釉裡紅。

062
元代釉裡紅白地紅花與紅地白花凸刻雲龍波濤紋雙獸耳罐

YUAN DYNASTY（1271～1368）
Underglaze-red jar with dragon and clouds
元（1271～1368）

【高 45.0 公分、口徑 14.0 公分、腹徑 26.0 公分、足徑 14.0 公分】
【H 45.0cm、MD 14.0cm、AD 26.0cm、FD 14.0cm】

此器成圓口、直頸、斜肩、鼓腹之狀，外表繪五層紋飾。窄直的頸部環繞一圈回紋。其下一圈錢紋。之下斜肩處飾一圈波濤紋，兩側堆貼一對對稱的瑞獸。腹部的雲龍紋是以凸刻的方式處理。四周飾以波濤紋。近底處再一圈略有次序的波濤紋環境，此罐的造形少見，整體的形狀及紋飾卻很優美，突顯出工匠的巧思。

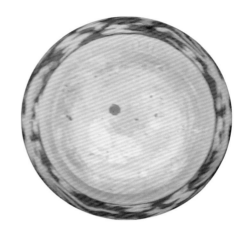

063

元代白地紅花與紅地白花鳳穿雲紋罐

YUAN DYNASTY（1271 ～ 1368）
Jar with design of phoenixes among clouds in white reserved on red ground
元（1271 ～ 1368）

【高 17.0 公分、口徑 9.5 公分、腹徑 16.5 公分、足徑 10.0 公分】
【H 17.0cm、MD 9.5cm、AD 16.5cm、FD 10.0cm】

此器直口、短頸、斜肩、鼓腹、腹以下漸收，器底淺凹。斜肩處刻劃著卷草紋。再用釉裡紅加繪。腹部先刻劃飛鳳卷雲凸紋後，周邊的地子施以銅紅料和釉料調和而成的紅釉，形成紅地白鳳穿卷雲紋的裝飾[註1]。脛部則刻劃變體仰蓮紋，內刻雲頭紋。在同一器物上運用白地釉裡紅和紅釉紅地白紋兩種不同的裝飾手法，較為少見。元代藍地白花之瓷器較常見，如法國吉美博物館藏之元代龍紋梅瓶、伊朗國家博物館藏之龍紋菱口盤等；而本器元代紅地白花罐，非常罕見[註2]。

【註1】鳳紋周邊的地子施以銅紅料和釉料所調製的紅釉，形成紅地白鳳紋的裝飾。
【註2】參考《圖說中國陶瓷史》吳戰壘著，2003 年 10 月，P.156。器物名稱：釉裡紅地白龍紋蓋罐。元／高 28 公分。

附錄一

元青花與釉裡紅飾紋
同時呈現在一瓷器上

由於元代青花瓷所用來繪畫的鈷料必需在攝氏1250度左右的高溫中才能顯現出最好的色澤。而元代釉裡紅瓷,以銅紅料在瓷胎上繪畫,必須在攝氏1350度左右的高溫氣氛中顯現最好的色澤。二者在顯現顏色的溫度有些差異。而且銅紅在高溫還原氣氛下有其不穩定性。所以青花與釉裡紅配合,同時要顯現出顏色來,有其難度。因此青花與釉裡紅紋飾同時呈現在一瓷器上,就顯得非常稀少。

本書中列出四件,除了元代青花釉裡紅騰龍水波紋八稜玉壺春瓶(高28.5公分),與元代青花釉裡紅蓮池鷺鷥水波紋玉壺春瓶(高28.0公分),二者的製作時間應很接近,而元代青花釉裡紅花鳥紋雙獅耳玉壺春瓶(高25.0公分)與元代青花釉裡紅菩薩坐像,與上述二者的製造時間,應非相近。

064
元代青花釉裡紅花鳥紋雙獅耳玉壺春瓶

YUAN DYNASTY（1271～1368）
Yu-hu-cun vase decorated in underglaze blue and red with birds, flowers and lion-head handle
元（1271～1368）

【高 25.0 公分、口徑 5.7 公分、腹徑 11.8 公分、足徑 7.3 公分】
【H 25.0cm、MD 5.7cm、AD 11.8cm、FD 7.3cm】

此 器呈直口、束頸、溜肩、垂腹之狀，圈足微撇。肩部飾雙獅耳及圓環。瓶身滿布紋飾，由上而下依序為蕉葉紋、回紋、倒蓮紋開光，內飾垂頭雲珠紋及卷草紋。主紋作穿蓮鳳，鳳鳥雙翅平展，振翅飛翔。華麗的尾羽冉冉擺動。所有紋飾皆以青花與釉裡紅交互描繪。筆調清晰、色彩明亮。同時顯現兩種釉色的色澤，十分難得。元代此二色彩同時顯現的器物很少，此為其一。

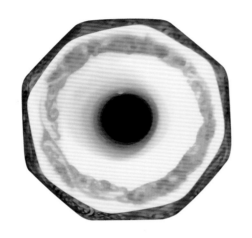

065

元代青花釉裡紅騰龍水波紋八稜玉壺春瓶

YUAN DYNASTY（1271 ～ 1368）
Yu-hu-cun vase decorated in underglaze blue and red with dragon and waves
元（1271 ～ 1368）

【高 28.5 公分、口徑 8.3 公分、腹徑 14.3 公分、足徑 8.0 公分】
【H 28.5cm、MD 8.3cm、AD 14.3cm、FD 8.0cm】

此瓶為喇叭口、細長頸、垂鼓腹，八方形器身，圈足微外撇，淺圈足，足底無釉，足內施白釉。器身上以青花繪一隻三爪騰龍，昂頭開口吐舌，靈活翻騰。其餘空間以釉裡紅繪飾水波紋。畫面活潑生動，相當艷麗。

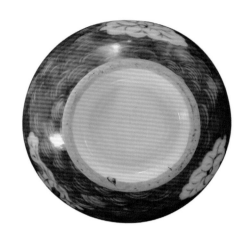

066
元代青花釉裡紅蓮池鷺鷥水波紋玉壺春瓶

YUAN DYNASTY（1271~1368）
Yu-hu-cun vase decorated in underglaze blue and red with heron and waves in a lotus pond
元（1271 ～ 1368）

【高 28.0 公分、口徑 8.0 公分、腹徑 15.0 公分、足徑 8.3 公分】
【H 28.0cm、MD 8.0cm、AD 15.0cm、FD 8.3cm】

此瓶為喇叭口、細長頸、垂鼓腹，八方形器身，圓足微外撇，淺圈足，足底無釉，足內施白釉。以青花在器口上繪竹葉紋，器身上繪鷺鷥、蓮花、葉、蓮藕紋。其餘空間以釉裡紅飾水波紋。整個畫面充滿大自然景象。

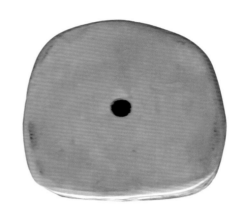

067
元代青花釉裡紅菩薩坐像

YUAN DYNASTY（1271 ～ 1368）
Blue-and-white and underglaze red bouddha sit on a socle
元（1271 ～ 1368）

【高 22.0 公分、長 11.0 公分、寬 10.3 公分】
【H 22.0cm、L 11.0cm、W 10.3cm】

此菩薩端坐在一橢圓座上，面容慈祥，頭戴尖帽，帽帶垂在兩肩上，身穿寬袖衣袍，施禪定印，雙手互疊仰上，姆指相對，放在趺坐的兩腿之上、腹部之前，表示讓自己安定內心。身旁兩側立著脅侍的一對童男童女。菩薩身後有背光。橢圓座邊緣以青花繪纏枝葉紋，釉裡紅繪花紋。其餘全器亦在適當的地方飾以釉裡紅與青花。整體造形紋飾端莊典雅，是一件罕見的好作品。

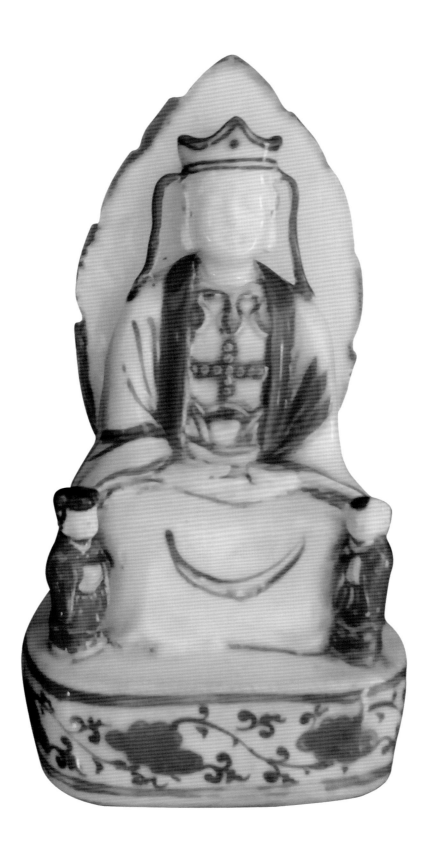

附錄二

元代紅綠彩瓷器

　　與金、元時期北方生產的釉上五彩瓷器所不同的是，元代景德鎮燒製的紅綠彩瓷中沒有使用黃彩，所以紅綠彩與傳統的五彩略有差別。

　　元代紅綠彩，造型古樸，色彩艷麗。

　　元代紅綠彩是釉上彩品種，用紅、綠彩料在已燒好的白釉成品瓷上，繪畫紋飾，再次入窯後以攝氏800度左右的低溫焙燒而成，又稱二次燒製的產品。

　　由於紅綠彩瓷是元代景德鎮窯燒製的一項特殊品種，80年代出版的《中國陶瓷史》一書中，對這個時期的彩瓷未作提及，其稀少狀況可想而知。

 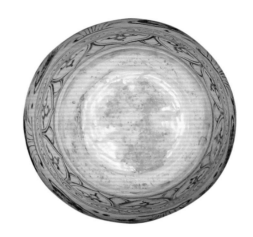

068

元代紅綠彩蓮塘水禽紋蓋罐

YUAN DYNASTY（1271 ～ 1368）
Covered jar décor with water fowls in a lotus pond in red and green overglaze
元（1271 ～ 1368）

【通高 22.5 公分、罐高 19.0 公分、口徑 10.2 公分、腹徑 18.5 公分、足徑 11.0 公分】
【TH 22.5cm、H19.0cm、MD 10.2cm、AD 18.5cm、FD 11.0cm】

直口、短頸、圓肩、鼓腹、腹以下漸收，淺圈足，器裡外施釉，圈足及底無釉。蓋為荷葉形，有鈕。全器飾以紅綠彩。蓋面繪折枝花卉紋。肩部有纏枝菊紋一周。腹部的主題紋飾為蓮塘水禽紋，一對鴛鴦游弋其中。下為一圈卷草紋。脛部為一周倒蓮瓣紋，其內繪卷草紋。主題紋飾，活潑生動，紅綠彩搭配得宜，艷麗迷人。全器包括罐蓋皆保存良好，為不可多得之作。

附錄三

明代及清代之青花瓷與釉裡紅瓷

從本書中和其他文獻關於明代及清代的資料裡或許多少可以看出這兩代從元代所得到的傳承，或發揚光大，或有些技藝可能沒落或消失了。例如釉裡紅瓷，在明清兩代已經逐漸式微，當然到了近現代電子控制溫度的窯爐出現後，釉裡紅瓷的燒造已經不是問題，但已失去了歷史時代的意義。

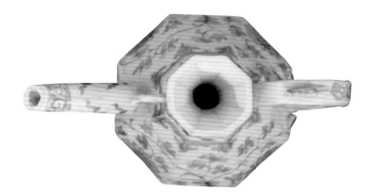

069
明代洪武青花花卉紋八角形執壺

MING DYNASTY HONG-WU PERIOD（1368 ～ 1398）
Blue-and-white octagonal ewer with deco of floral sprays
明洪武（1368 ～ 1398）

【高 21.5 公分、口徑 4.5 公分、腹徑 13.7 公分、足徑 7.0 公分】
【H 21.5cm、MD 4.5cm、AD 13.7cm、FD 7.0cm】

壺 口呈敞口、細長頸、鼓腹，腹下圈足外撇，器身一側有一弧形彎流，其上飾以花卉紋，另一側有一曲形柄。彎流與器身之間，則以 S 形橋板相連。執柄上有一圓形小繫孔，與蓋上的小繫孔以線繩相連接，本器之蓋已缺失。壺身呈八稜形。由上而下繪蕉葉紋、回紋、纏枝花卉紋、雲頭紋。主紋為纏枝菊紋。其下方為八個變形蓮瓣紋開光，內繪雲頭垂珠紋。圈足飾以卷草紋。元代與明代時八角執壺較為少見。梨形則較為常見。

070
明代洪武青花蓮池鴛鴦紋梅瓶

MING DYNASTY HONG-WU PERIOD（1368～1398）
Blue-and-white mei-ping vase décor of mandarin ducks in a lotus pond
明洪武（1368～1398）

【高 23.5 公分、口徑 4.5 公分、腹徑 17.2 公分、足徑 10.7 公分】
【H 23.5cm、MD 4.5cm、AD 17.2cm、FD 10.7cm】

小 口折沿、短頸、豐肩、腹下部微內收。矮圈足，足底不施釉。通體繪青花紋飾，層次豐富。頸部繪竹葉紋，肩部飾有一圈卷草紋及一圈變形蓮瓣紋，其內飾有花卉紋，接下來一圈卷草紋。腹部周身飾蓮池鴛鴦紋。再下方是一圈三角形幾何紋。脛部裝飾有一圈變形蓮瓣紋，內繪雲頭垂珠紋。整體線條優美柔和，構圖層次分明，主題突出。層層紋飾佈滿瓶身，仍帶有元代風格，但紋飾已與元代有所不同。器形在斜肩部位的突出。脛部較為寬闊穩重，皆與元代有所不同。

071

明代永樂青花纏枝蓮紋花澆

MING DYNASTY YONGLE PERIOD（1403～1424）
Blue-and-white Tankard decorated with flowers and leaves
明永樂（1403～1424）

【高 22.0 公分、口徑 13.8 公分、腹徑 20.8 公分、足徑 10.0 公分】
【H 22.0cm、MD 13.8cm、AD 20.8cm、FD 10.0cm】

此器與西亞地區之黃銅花澆製品，外形有相似之處，口、肩凸弦、龍柄，龍口咬住花澆口沿。口沿繪正反花瓣紋。頸部飾變形之連續性花卉紋，花紋獨特。其下繪一圈三角形紋，肩凸弦處飾一周卷草紋。腹部上方繪海水紋，下方則為纏枝蓮紋。足部為凹足。整體造形優雅，紋飾層層有序，主副分明。北京故宮博物院也藏有清宮舊藏類似之花澆，高為 14.7 公分本器顯然高大許多。

（註）見《明初青花瓷》一書第 41 頁，耿寶昌主編，故宮博物院藏。

072
明代永樂青花八瓣瓜稜形罐

MING DYNASTY YONGLE PERIOD（1403 ～ 1424）
Blue-and-white vase with form of pumpkin decorated with phoenixes
明永樂（1403 ～ 1424）

【高 15.5 公分、口徑 9.5 公分、腹徑 18.5 公分、足徑 12.0 公分】
【H 15.5cm、MD 9.5cm、AD 18.5cm、FD 12.0cm】

此罐短頸、溜肩、腹漸收，淺圈足。通體呈瓜稜形，八瓣。青花，口沿無紋飾，腹部各個八瓣瓜稜形飾以上升鳳鳥與下飄鳳鳥，二者相隔排列。其中一上升鳳鳥頭頂上方空白處書寫小篆四字「永樂年製」。全器以蘇麻離青釉料描繪相當艷麗。底部無釉。

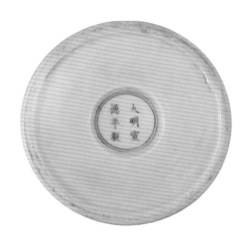

073
明代宣德青花鳳穿蓮花紋直圓筒形蓋罐

MING DYNASTY XUANDE PERIOD（1426～1435）
Covered jar decorated in underglaze blue-and-white with phoenix and flowers
明宣德（1426～1435）

【高 22.0 公分、口徑 18.0 公分、腹徑 18.0 公分、足徑 18.0 公分】
【H 22.0cm、MD 18.0cm、AD 18.0cm、FD 18.0cm】

此器包含器蓋與器身兩部分。蓋呈圓板形，頂部有寶珠形紐，紐面飾以菊瓣紋。直圓筒形罐面上，一前一後各繪有一隻鳳穿蓮花紋鳳鳥，頭向左方，展翅乘風飄飛，姿態美妙。蓋面上所繪紋飾與直圓筒形罐面上的紋飾類似。罐底繪以青花雙圈，其內書有「大明宣德年製」雙行六字楷書款。全器造形簡潔，紋飾優雅。此種器形，元明時的青花器很少見到。

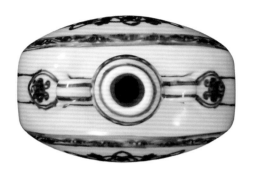

074
明代宣德青花寶相花紋雙耳扁瓶

MING DYNASTY XUANDE PERIOD（1426 ～ 1435）
Blue-and-white flask décor of bouddha-flower and with two handles
明宣德（1426 ～ 1435）

【高 31.0 公分、口徑 3.3 公分、腹徑 21.5 公分、足徑 8.5 公分】
【H 31.0cm、MD 3.3cm、AD 21.5cm、FD 8.5cm】

此瓶呈葫蘆形，分上下兩部份，上部為圓形。下部位為扁圓形，中心處略鼓。橢圓形圈足。兩側飾綬帶耳。以青花繪飾紋樣，上部小圓飾一圈花卉紋。下部扁圓的外圍繪一圈纏枝花卉紋。扁圓的腹前、後壁飾同樣的寶相花圖案。耳飾青花朵花紋。瓶底以青花書寫「大明宣德年製」六字楷書款。

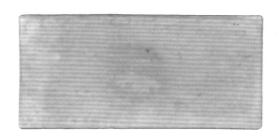

075
明代宣德青花鳳穿花卉紋瓷枕

MING DYNASTY XUANDE PERIOD（1426 ～ 1435）
Blue-and-white pillow decorated with phoenixes and flowers and leaves
明宣德（1426 ～ 1435）

【高 11.0 公分、長 15.3 公分、寬 11.0 公分】
【H 11.0cm、W15.3cm、L 11.0cm】

此長方形枕，枕面的邊緣比底座大些。在中央的部份稍微凹下，兩邊微微翹起，便於適合頭部的置放。全器繪以青花紋飾，枕面及底座面積較大的前後兩邊，皆繪以展翅飛翔的鳳鳥。其餘的空間飾以花卉紋。底座較小的兩邊各飾一鏤空的錢紋，旁邊繪有花卉紋。枕面中間正上方寫有「大明宣德年製」六字楷書款。器底無釉。全器造形優美，紋飾典雅，是少見的精品。

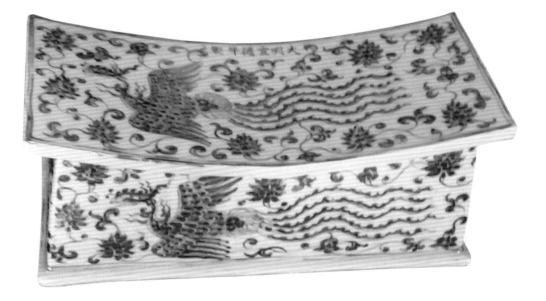

076
明代宣德青花折枝花果紋執壺

MING DYNASTY XUANDE PERIOD（1426 ～ 1435）
Blue-and-white ewer with décor of flowers and fruits
明宣德（1426 ～ 1435）

【高 25.5 公分、口徑 6.8 公分、腹徑 17.0 公分、足徑 10.0 公分】
【H 25.5cm、MD 6.8cm、AD 17.0cm、FD 10.0cm】

壺 敞口、細長頸、垂腹、圈足；腹一側有一長曲柄，柄上有一小繫。腹另一側有彎流。流與頸間有雲形板相聯接。頸飾蕉葉紋，肩部繪纏枝蓮紋。腹兩面各有一菱形開光。一面繪折枝桃紋。開光的上方有「大明宣德年製」六字楷書款。另一面繪枇杷果。兩開光間隔處，飾以纏枝花卉紋。近底處飾變形蓮瓣紋。足壁與流飾卷草紋。構圖講究，紋飾層層有序。

077
明代宣德青花蕉樹庭院紋花口盤

MING DYNASTY XUANDE PERIOD（1426～1435）
Blue-and-white dish deco with banana tree and garden of the court
明宣德（1426～1435）

【高 7.0 公分、口徑 45.0 公分、底徑 28.0 公分】
【H 7.0cm、MD 45.0cm、FW 28.0cm】

十 六瓣菱花式板沿口、弧壁、盤心平坦、矮圈足、足底無釉露胎。口沿處繪纏枝如意紋。內繪八對，
每對兩件，共十六件花卉紋。盤心繪蕉樹、庭院、圍欄、松樹等紋飾。盤的背面，口沿處繪纏
枝如意紋。往內一圈繪八對，每對兩件，共十六件，圍成一圈的花卉紋。正面遠、中、近景兼具的構圖，
景色優美。本件為極難得的作品。

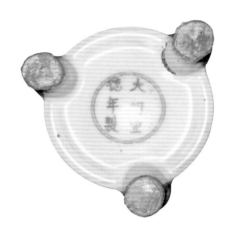

078
明代宣德青花蓮花紋三足爐

MING DYNASTY XUANDE PERIOD（1426～1435）
Burning pot with three feet decorated in underglaze blue-and-white with lotus scrolls
明宣德（1426～1435）

【高 12.3 公分、口徑 11.0 公分、腹徑 11.0 公分、足徑 11.0 公分】
【H 12.3cm、MD 11.0cm、AD 11.0cm、FD 11.0cm

圓 直口、直頸，其上有數道凸弦紋。三獸足。通體飾纏枝蓮花紋。紋飾細膩生動，穩重端莊。外底青花雙圈內署「大明宣德年製」六字楷書款。明代三足爐，如此簡潔造形的亦不多見。

079
明代宣德青花鳳穿花卉紋長頸瓶

MING DYNASTY XUANDE PERIOD（1426 ～ 1435）
Vase with long neck decorated in underglaze blue-and-white with phoenix and flowers
明宣德（1426 ～ 1435）

【高 49.0 公分、口徑 3.8 公分、腹徑 22.5 公分、足徑 11.0 公分】
【H 49.0cm、MD 3.8cm、AD 22.5cm、FD 11.0cm】

圓口、直長頸，口下繪卷草紋。第二層飾朵雲紋。其下有一圈凸弦。第三層為鳳穿花卉紋。再下為球狀瓶，其上亦繪有鳳穿花卉紋，紋飾前後互相對稱。此種器形為銷往西亞之物，本土內少見。目前存世量也不多。

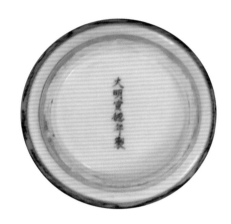

080

明代宣德青花龍紋蟋蟀蓋罐

MING DYNASTY XUANDE PERIOD（1426～1435）
Covered jar for the cricket decorated in underglaze blue-and-white with dragons and clouds
明宣德（1426～1435）

【高 11.0 公分、口徑 14.0 公分、腹徑 14.8 公分、足徑 10.7 公分】
【H 11.0cm、MD 14.0cm、AD 14.8cm、FD 10.7cm】

此器包含器蓋與器身兩部分。蓋呈圓板形，其上有一小圓氣孔，作為疏通空氣之用。蓋面上飾以三個朵雲紋。罐身上，一前一後繪有二隻生氣活潑的五爪行龍。扭轉身體，張口舞爪，充滿動感。蓋面的背面，以楷書從右至左橫書「大明宣德年製」六字。罐底亦以楷書從上而下直書「大明宣德年製」六字。顯見本器應為官窯產品。

081

明代宣德釉裡紅靈芝紋石榴尊

MING DYNASTY XUANDE PERIOD（1426～1435）
Underglaze-red vase with form of pomegranate and decoration of lin-zhi
明宣德（1426～1435）

【高 19.5 公分、口徑 6.5 公分、底徑 9.5 公分】
【H 19.5cm、MD 6.5cm、FW 9.5cm】

此尊為折沿口、直頸、溜肩、鼓腹、圈足外撇，通體呈瓜稜形，六瓣。釉裡紅，口沿飾蓮瓣紋，頸飾圓圈紋，肩部飾蓮瓣紋，腹部飾以靈芝紋。足部飾蓮瓣紋。底繪以青花雙圈，其內書「大明宣德年製」六字款。此尊仿石榴的造形，因此稱之為石榴尊。

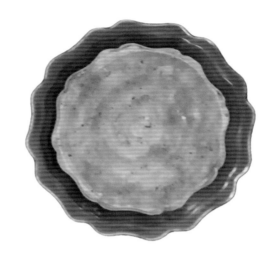

082
明代宣德紅釉紅地白花朵雲紋葵花式盤

MING DYNASTY XUANDE PERIOD（1426～1435）
Dish with design of three clouds in white reserved on red ground
明宣德（1426～1435）

【高 1.5 公分、口徑 16.5 公分、底徑 12.3 公分】
【H 1.5cm、MD 16.5cm、FW 12.3cm】

盤的口沿成葵花形，應是沿自宋代，盤壁呈向下斜坡的階梯狀。器底無釉呈平面狀的葵花形。盤中央以紅地白花的方式留有三朵白雲紋。此外亦以紅地白花的方式留下葵花的外形細白紋線條。整體造形優雅，紋飾以紅中留白的手法，色彩對比，相當醒目美觀。此類明代的紅地白花瓷器存世的相當稀少。（註）本件的釉裡紅紅地，是以釉裡紅的銅紅料和釉料所調製的紅釉，形成紅地朵雲紋裝飾。

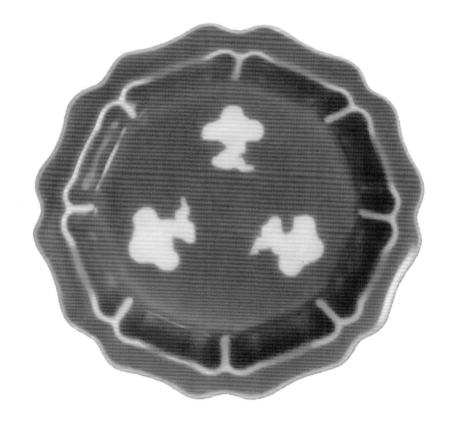

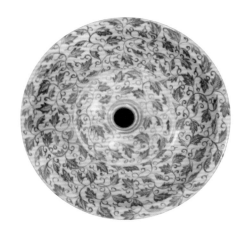

083
明代萬曆青花纏枝葉紋瓷磨

MING DYNASTY XUANDE PERIOD（1426～1435）
Mill-porcelain decorated in underglaze blue-and-white with leaves scrolls
明宣德（1426～1435）

【高 12.5 公分、口徑 8.3 公分、腹徑 20.0 公分、足徑 12.5 公分】
【H 12.5cm、MD 8.3cm、AD20.0cm、FD 12.5cm】

本器分上下兩部分，上部為可轉動之推磨，其中間有一圓孔，可放入顆粒狀物，或待磨的物體。下部為圓盆狀之承盤。推磨的底無釉，刻有凹凸不平之溝槽。承盤中間的圓形凸起亦帶有凹凸的溝槽。推磨被轉動時，待磨物處於推磨與承盤之間的溝槽時，就會被磨碎或磨成粉狀物。推磨上有一菱形孔，應為被插入推棒時所用。全器飾以青花纏枝葉紋。此種存世的明代瓷磨很少見。圈足內書有「大明萬曆年製」六字楷書款。

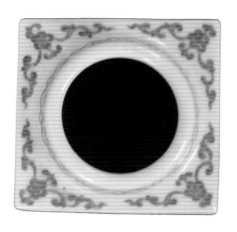 

084
清代乾隆釉裡紅福壽紋方形直角瓶

QING DYNASTY QIEN-LONG PERIOD（1735 ～ 1795）
Underglaze-red rectangular vase decorated with the bat and symbol of longevity
清乾隆（1735 ～ 1795）

【高 23.0 公分、口徑 7.3 公分、腹徑 10.6 公分、足徑 10.0 公分】
【H 23.0cm、MD 7.3cm、AD10.6cm、FD 10.0cm】

大圓口、短頸、瓶身為方長直角形。脛部內縮，足部呈方形厚片狀。全器施以釉裡紅紋飾，頸部為如意雲頭紋。瓶身四面皆相同，外圍為變形雲紋，內繪四隻朝中心的蝙蝠（寓意為福）。中心為抽象的吉祥紋飾。脛部飾一圈如意雲頭紋。足底以青花書寫「大清乾隆年製」六字楷書款。整體造形大方，紋飾典雅，是難得的釉裡紅精品。

綜論

本書中的青花瓷與釉裡紅瓷

元代由於蒙古族人及外銷元青花瓷到中東地區的伊斯蘭人其飲食習慣，需要大型的器皿，原本景德鎮的瓷石含鋁量較低，大型器皿在燒造時不耐高溫，容易變形坍塌，所以陶工在瓷石中加入了麻倉土，此稱「二元配方」。這使得瓷土的含鋁量增加了百分之二十以上，從此成功燒造大型器皿，這可是一項創舉。

但是當時的麻倉土時至今日已被開採殆盡，而元代進口的蘇麻離青釉料在明代成化朝中期，產地也已沒有了原礦，近代雖有人以化學色料來調配青料顏色，使之與蘇麻離青的色澤相仿，然顏色或許接近，但在呈色的細節上，仍然可以被區分。

元代釉裡紅瓷，由於燒成的困難度很高，所以產量遠遠不及元代青花瓷，雖然二者同屬釉下彩瓷，但銅紅料非常敏感，窯內的釉裡紅瓷器一旦窯溫掌控不當，便會產生泛灰或出現褐色、黑色的現象。至於本書所展示的諸多成品，一定是由當時技藝相當高超的師傅操刀，才能製造出如此傑出的作品。

本書中的青花瓷與釉裡紅瓷

本書中第 1 項至第 6 項共六件，其中第 5 項（5a）與第 6 項（5b）為一對相似的元代青花高直圓筒瓷器（高 50.0 公分）。第 1 項元代青花「大元國至正八年」銘麒麟紋描金玉壺春瓶（高 36.0 公分），與第 2 項、第 3 項，元代青花雲龍紋象耳瓶（高 63.0 公分），外層覆蓋的白釉，皆有開片的現象。而第 4 項，元代青花八仙人物紋缸形罐（高 36.0 公分），與第 5 項及第 6 項，三者的外層白釉並無開片，僅因歷經數百年，白釉上面，因風化作用呈現黃褐色大小斑點。顯見前三件（1、2、3 項）與後 3 件（4、5、6 項），所使用的外覆透明釉不同。此六件瓷器的體積和重量皆相當大。青花釉色皆為本土鈷藍。繪畫技巧相當純熟，具有很高的藝術性。因本六項瓷器為從同一來源獲得，因皆無入土的土沁跡象。從瓷胎（料）、工、形、紋等各項因素研判，應可推估為來自同一窖藏。

尤其第 1 項，瓶身上有描金線條，再加寫有「大元國至正八年」七字楷書款銘文，應屬於皇宮官府所擁有之物。畢竟目前全世界所出現的元代青花瓷器的件數僅數百件而已，而有年代款的更只有寥寥的個位件數罷了。

第 2 項與第 3 項，紋飾由上而下共十層，比英國 Percival David foundation 所藏的「至正十一年」銘的一對象耳瓶的紋飾多了一層。

第 5 項的 5a 與第 6 項的為一對同樣的元代青花高直圓筒瓷器（高 50.0 公分）。元代青花瓷器存世的數量本來就不多，能存在一對的，就更加彌足珍貴。

元代青花高直圓筒瓷器   元代青花雲龍紋象耳瓶   元代青花高直圓筒瓷器

元代青花開光人物紋雙獅耳八稜瓶（高 55.0 公分）器形高大，全器有輕微開片，紋飾以進口青料飾四個菱花形開光，開光內繪人物紋。顏色濃豔，是罕見難得的精品。

元代青花開光人物紋八稜梅瓶（高 44.0 公分）亦是高大的器形，全器有輕微開片。紋飾以進口青料飾四個菱形開光，內繪人物紋，顏色鮮豔，亦是罕見的精品。

元代青花水藻紋綴以串珠魚紋梅瓶（高 35.0公分）。以串珠形成紋飾的元代青花瓷較為少見。河北文物保護中心，藏有一件元代青花蓋罐，只是以串珠形成腹部開光的形狀，而非圖像。本件產品是以串珠在瓶的腹部的其中一面形成一條魚。另一面形成兩條魚，而且在瓶肩部份以串珠飾纏枝花卉紋，脛部亦以串珠飾蓮瓣紋及開光，是首次在元代青花瓷器上見到串珠形成圖像與青花紋飾穿插相配的例子。本件紋飾上的水藻紋青料以進口青料為之，瓶上滿佈細微開片。

元代青花開光人物
紋雙獅耳八稜瓶

元代青花開光人物
紋八稜梅瓶

元代青花水藻紋綴
以串珠魚紋梅瓶

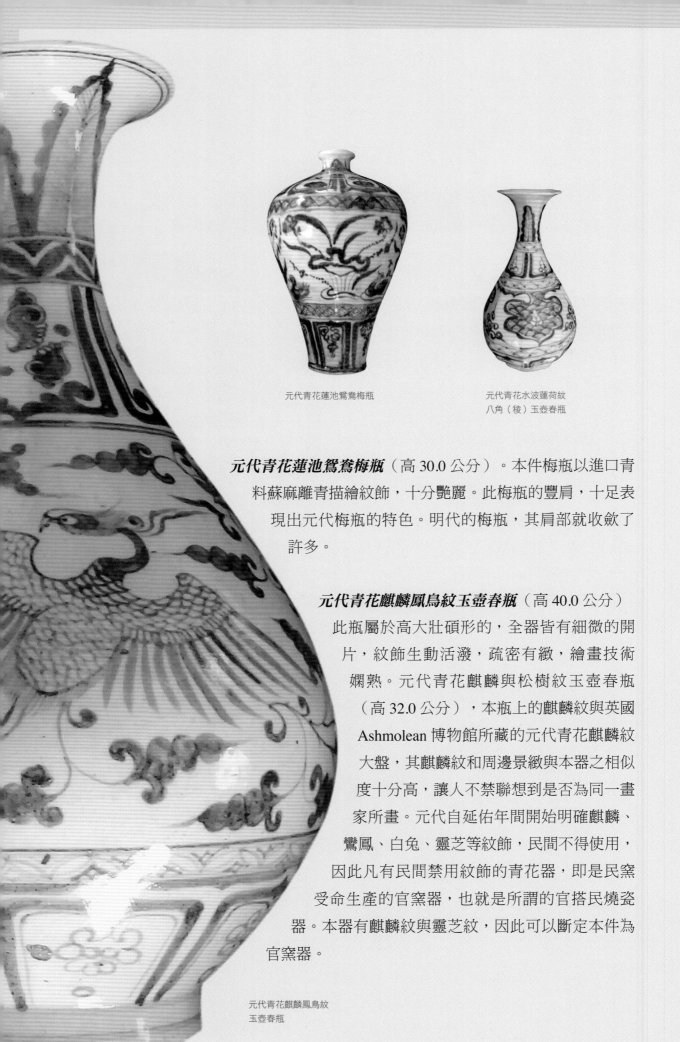

元代青花蓮池鴛鴦梅瓶

元代青花水波蓮荷紋
八角（稜）玉壺春瓶

元代青花蓮池鴛鴦梅瓶（高 30.0 公分）。本件梅瓶以進口青料蘇麻離青描繪紋飾，十分艷麗。此梅瓶的豐肩，十足表現出元代梅瓶的特色。明代的梅瓶，其肩部就收斂了許多。

元代青花麒麟鳳鳥紋玉壺春瓶（高 40.0 公分）此瓶屬於高大壯碩形的，全器皆有細微的開片，紋飾生動活潑，疏密有緻，繪畫技術嫻熟。元代青花麒麟與松樹紋玉壺春瓶（高 32.0 公分），本瓶上的麒麟紋與英國 Ashmolean 博物館所藏的元代青花麒麟紋大盤，其麒麟紋和周邊景緻與本器之相似度十分高，讓人不禁聯想到是否為同一畫家所畫。元代自延佑年間開始明確麒麟、鸞鳳、白兔、靈芝等紋飾，民間不得使用，因此凡有民間禁用紋飾的青花器，即是民窯受命生產的官窯器，也就是所謂的官搭民燒瓷器。本器有麒麟紋與靈芝紋，因此可以斷定本件為官窯器。

元代青花麒麟鳳鳥紋
玉壺春瓶

元代青花纏枝菊紋玉壺春瓶

元代青花魚藻紋堆貼
螭龍蒜頭瓶

元代青花穿蓮鳳鳥紋帶蓋執壺

元代青花水波蓮荷紋八角（稜）玉壺春瓶（高 26.7 公分），與元代青花獅球紋八稜玉壺春瓶（高 27.0 公分）。此種八稜狀的玉壺春瓶，是以八片切割好的瓷胎，相併黏接組合而成，技術上較一般的水滴圓形狀的玉壺春瓶困難的多。

元代青花纏枝菊紋玉壺春瓶（高 26.0 公分），與元代釉裡紅纏枝菊紋玉壺春瓶（高 26.5 公分），如以料、工、形、紋來比對的話，工、形、紋是相似的，只是發色的釉料不同。本件青花是採用進口的蘇麻離青鈷藍釉，而釉裡紅，則是以銅紅為發色劑。

元代青花魚藻紋堆貼螭龍蒜頭瓶（高 27.0 公分）。本器在瓶子的長頸上，一隻螭龍攀爬而上，與瓶身上繪畫的池魚互相輝映。一立體，一平面。一雕塑，一繪畫。一水上，一水裡。二者都充滿了動態感，顯見設計者的巧思。元代青花魚藻紋四繫扁壺（高 23.0 公分）。此種扁壺是元代外銷瓷器的品項之一。類似外形的扁壺，日本松岡美術館，以及伊朗國立博物館皆各有收藏，只是紋飾不同。此類扁壺，存世的數量十分稀少。

元代青花穿蓮鳳鳥紋帶蓋執壺（高 24.5 公分）。此器很幸運的，壺蓋仍完整存在。目前全世界存在的元代青花執壺，絕大多數都是缺少壺蓋。元代至今歷經七百多年的時光，壺蓋不是被摔破，就是遺失，仍能完整地與執壺本身在一起的，已是少之又少。因此，本器的壺蓋應是真品，保存了元代青花梨形執壺、壺蓋的風貌。

元代青花雉雞竹石花
果紋花口盤

元代青花雉雞竹石花果紋花口盤（口徑 40.0 公分）。本件青花盤，紋飾構圖飽滿，主紋飾疏朗有緻，以進口的青花繪圖，十分艷麗。類似紋飾的青花盤在英國倫敦維多利亞與亞伯特博物館（Victoria and Albert Museum）收藏有一件，只是盤周邊為圓形，而本器為花口形，更是難得。本件盤的背面邊上有一小的發黃紙標籤，上有「MAISON H……」等法文字樣。

元代青花鳳穿蓮花麒麟穿花卉紋僧帽壺（高 28.0 公分）。瓷僧帽壺出現在元代青白釉瓷中有之，而依文獻紀錄來看，元代青花僧帽壺，此件似乎是唯一的一件，所以格外珍貴。本器壺口很像僧伽之帽，所以名為僧帽壺。明清兩代仍相繼在製造青花僧帽壺，但已不如元代的產品精美。

元代青花鳳穿蓮花
麒麟穿花卉紋僧帽壺

元代青花纏枝牡丹紋罐

元代青花鬼谷子下山圖蓋罐沿邊蓮
塘鴛鴦紋盤

元代青花波浪形折沿邊蓮塘鴛鴦紋盤（口徑 32.0 公分）。紋飾上一對鴛鴦，雄的在雌的右方，面面相視，似乎在唱喁私語。類似紋飾的盤子，在伊朗國家博物館（National Museum of Iran）收藏有一件，但無波浪形折邊。顯見本件青花盤相當罕見。

元代青花纏枝牡丹紋罐（高 41.0 公分、腹徑 49.0 公分）。形狀相當碩大，目前從文獻上來看，算是名列前端的。而整個器物明顯具備因歲月風化作用所產生的開片。

元代青花鬼谷子下山圖蓋罐（通高 35.0 公分、高 29.5 公分）。英國倫敦 Eskenazi 曾提供一件類似圖罐（高 27.5 公分），於 2012 年在上海博物館的元代青花瓷器特展中展出（見《幽藍神采：元代青花瓷器特集》一書，P.63）Eskenazi 所收藏的這件圓罐無蓋，而本罐有完整的蓋，殊為難得。本件蓋罐的人物圖像與 Eskenazi 所藏的圖像圓罐二者的相似度頗高。元代青花鬼谷子下山圖大罐（高 32.0 公分）。本罐體形碩大，與英國倫敦 Eskenazi 曾提供的類似圖罐（高 27.5 公分）於 2012 年在上海博物館的元代青花瓷器特展中，所出現的，二者圖像非常相似，很可能為同一畫者所畫。而且罐身自上而下的四層紋飾也類似。

元代青花鳳穿菊紋獸耳罐（高 15.5 公分）。主紋中描繪的鳳鳥從上飄下穿越菊花紋，相當活潑，充滿動感。罐上有土沁與石灰水沁的現象，顯見其曾經歷了漫長歲月的痕跡。

元代青花鴛鴦池塘紋罐（高 11.0 公分）。本罐雖然體積不大，但製作精細，紋飾清晰，釉面上有開片。元代青花串枝菊花紋罐（高 7.5 公分），此種小罐仍然採取二段黏接，上下二段分別拉坯，然後黏接修坯。紋飾則以橫向展開的方式，前後連貫。這種造形的產品，通常是銷往東南亞地區。以本土鈷藍為釉藥，色調上顯得較為深沉

元代青花龍鳳鴛鴦蓮池紋長方形盤（口徑 33.0 公分 ×29.0 公分）。元代青花長方形盤要製作成功很難，所以在元青花的產品中，類似本件的產品似乎還沒看到第二件。

元代青花鴛鴦水藻紋筒爐（高 16.0 公分）。此類型的筒爐，並不多見。北京故宮博物院收藏有一元青花八卦紋筒爐（口徑 15.5 公分）（參考《青花瓷鑒定》一書，張浦生、霍華著，【壹】P.132）

元代青花鴛鴦池塘紋罐

元代青花鳳穿菊紋獸耳罐

元代青花龍鳳鴛鴦蓮池紋長方形盤

元代青花鴛鴦水藻紋筒爐

元代藍地白花雙雲龍紋八稜罐（高 41.0 公分）。本器體積高大，又厚重，以八稜狀組合成罐，肩部堆貼雙獸耳，以技術而言，確是高超之作。足內有「張文進造」之字樣，應是張文進這位有名的元代瓷藝家最精彩的得意作之一。元代藍地白花雲龍紋雙獸耳罐（高 41.0 公分）。本罐的凹足處有以白瓷泥寫成的「內府」二字，表示本件產品是屬於皇宮官府所用，不是一般民間用品。全器的細節到處充滿了精細功夫與美感。

元代藍地白花雲龍紋雙魚耳瓶（高 47.5 公分）。本件雙魚耳瓶造形雄偉，肩上有「內府」二字，顯見本件產品是屬於皇宮官府所使用。元代藍地白花蓮塘鴛鴦紋雙獸耳瓶（高 48.5 公分）。本瓶長頸上寫有「內府」二字，亦是皇宮官府之物。這種蓮塘鴛鴦圖被元代文人稱為「滿地嬌」，滿地盛開的蓮花，鴛鴦嬉戲其間。充滿祥和喜悅之氣氛。

元代藍地白花雲龍紋梅瓶（高 44.5 公分）。自元代仁宗延祐年間開始，即已明定麒麟、鸞鳳，民間不得使用的規定。本梅瓶上的紋飾為麒麟、鳳鳥，顯見其為官方之物。瓶肩上亦橫式書寫「內府」二字。類似的器物，法國巴黎吉美博物館（Le musée national des arts asiatiques Guimet）亦有收藏。

元代藍地白花雙雲龍紋八稜罐　　　　元代藍地白花雲龍紋雙魚耳瓶　　　　元代藍地白花雲龍紋梅瓶

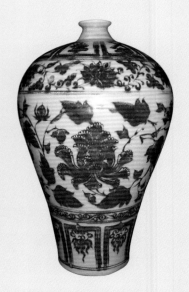

元代藍地白花雲龍紋玉壺春瓶　　　　　元代釉裡紅鳳穿菊紋雙蝙蝠耳罐　　　　　元代釉裡紅纏枝牡丹紋梅瓶

元代藍地白花雲龍紋玉壺春瓶（高 45.0 公分）。本件玉壺春瓶在龍紋的上方有
「內府」二字，顯見其為皇宮官府之物。元代青花魚藻紋與藍地白花雲龍紋大
盤（口徑 41.5 公分）。本件大盤同時運用了白地藍花（或白地青花，即一般所
謂的青花）與藍地白花兩種技法。這種產品存世的十分稀少。

元代釉裡紅鳳穿菊紋雙蝙蝠耳罐（高 26.5 公分）。比起元代青花瓷器，一般來
說釉裡紅瓷目前存世的數量較少，原因在於成色較為困難。本件產品的造形相
當優雅，發色清晰美觀，充滿創意，是非常難得的一件精品。

元代釉裡紅纏枝牡丹紋梅瓶（高 35.0 公分）。梅瓶在青花瓷方面是較為常見，
如本書中元代青花開光人物紋八稜梅瓶（高 44.0 公分），及元代青花蓮池鴛鴦
紋梅瓶（30.0 公分），而釉裡紅梅瓶則較為少見。本件產品，紋飾高雅，發色
清晰紅艷，稀有罕見。

元代釉裡紅纏枝牡丹紋梅瓶（高 28.0 公分）。本項與元代釉裡紅纏枝牡丹紋梅
瓶（高 35.0 公分），二者色彩的深淺略有不同。（高 35.0 公分）的較紅艷，而
（高 28.0 公分）的，紅色較淺，但美艷皆然。

元代釉裡紅纏枝牡丹紋梅瓶

元代釉裡紅牡丹紋八角玉壺春瓶

元代釉裡紅牡丹紋八角玉壺春瓶（高36.0 公分）。八角玉壺春瓶或稱八稜玉壺春瓶，其稜脊的分布是由口沿延伸到足底，由於稜脊之間形成一個面，共有八面。此瓶在相間隔的四個面各繪上一朵或正面或俯視的牡丹花。釉裡紅的發色清晰、美艷。元代釉裡紅花卉紋八角玉壺春瓶（高 36.5 公分）（一對）。本項與元代釉裡紅牡丹紋八角玉壺春瓶（高 36.0 公分）在器型、大小上是一樣的，不同的地方只在於主紋。雙稜脊之間形成一個面，共有八面，每面各繪不同的花卉紋，難得的是本項共有一對。元代釉裡紅本來就少，做成一對的就更少，能夠完整保存到今日更是難能可貴。

元代釉裡紅纏枝菊紋玉壺春瓶（高 26.5
公分）。本項與本書中元代青花纏枝菊
紋玉壺春瓶（26.0 公分）的工、形、紋
幾乎是相似的，只是釉料的不同。本項
是以銅紅為發色劑，而青花玉壺春瓶是以
進口的鈷藍料為發色劑。本項釉裡紅發色鮮
艷美觀，相當賞心悅目。

元代釉裡紅花卉紋玉壺春瓶（高 20.5 公分）。此瓶
的紋飾並不多，除了頸部及腹部上方各有二道弦紋，主
紋的下方有三道弦紋。主紋以橫式的方式繪纏枝菊紋，此種
簡單的紋飾很可能是元代釉裡紅初期的產品。而其紋飾與本書中元
代青花串枝菊花紋（高 7.5 公分），是有異曲同工之妙。

元代釉裡紅鳳首流執壺（高 26.0 公分）。製作這種鳳首流執壺，需要具有高超
的技藝。新疆伊犁哈薩克自治州博物館，藏有一件青花鳳首流扁執壺，與本件
有些類似，而本件連蓋，並無瑕疵，為一件非常難得的精品。元代釉裡紅龍把
手鳳首流執壺（高 18.0 公分）本項與前項執壺（高 26.0 公分）有些類似，不同
的是本項在壺的腹部繪上了鳳穿花卉紋。而前項執壺是在腹部繪了鳳鳥的羽毛，
形成完整的鳳鳥的造形。

元代釉裡紅纏枝菊紋玉壺春瓶

元代釉裡紅花卉紋玉壺春瓶

元代釉裡紅花卉紋八角執壺（27.0 公
分）

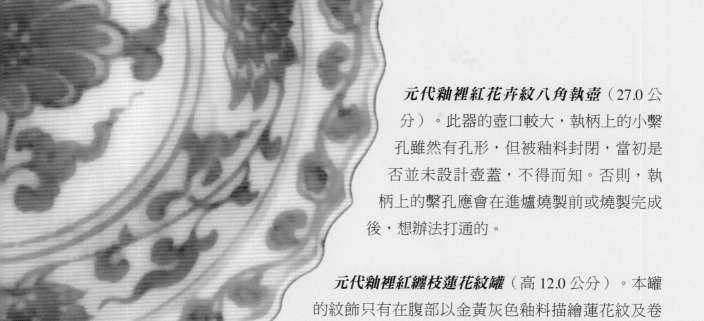

元代釉裡紅花卉紋八角執壺（27.0 公分）。此器的壺口較大，執柄上的小繫孔雖然有孔形，但被釉料封閉，當初是否並未設計壺蓋，不得而知。否則，執柄上的繫孔應會在進爐燒製前或燒製完成後，想辦法打通的。

元代釉裡紅纏枝蓮花紋罐（高 12.0 公分）。本罐的紋飾只有在腹部以金黃灰色釉料描繪蓮花紋及卷草紋的輪廓，再加以內塗銅紅料，整體看起來，簡單古樸，應該是元代較早期的釉裡紅器。

元代釉裡紅雲龍紋花口盤（口徑 17.0 公分）。本項花口盤外形優美，內繪一條迴轉遊龍，釉裡紅顏色清晰明亮，整體的搭配，柜當賞心悅目。

元代釉裡紅纏枝
花卉紋菱口盤

元代釉裡紅纏枝花卉紋菱口盤（口徑 19.0 公分）此項菱口盤，外形優雅，紋飾清晰、紅艷。盤內所繪的菊花紋，先印模，形成花卉的輪廓，再加銅紅料，這是元代的作法。是很難得的作品。

元代釉裡紅鳳首流執壺

元代釉裡紅纏枝蓮花紋罐

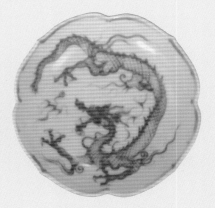

元代釉裡紅雲龍紋花口盤

元代釉裡紅雙鳳牡丹紋化裝盒

元代釉裡紅一把蓮紋匜

元代釉裡紅船形水注

元代釉裡紅雙鳳牡丹紋化裝盒（長 24.5 公分）。本件元代釉裡紅化裝盒，可能是目前存世唯一的一件，相當罕見、稀有。

元代釉裡紅一把蓮紋匜（口徑 12.0 公分）。目前存世的有元青花人物圖匜（西安市文物保護考古研究院藏），而本項為釉裡紅製品，也是少見的產品。

元代釉裡紅船形水注（長 21.5 公分）。廣州市文物總店有一件類似的元代青花船形水注（長 15.5 公分）（見《大地手禮》一書之「青花篇」，錦繡出版事業股份有限公司，1993 年初版）具有十足的民間色彩。元代紅釉船形採蓮紋水注（長 25.0 公分）。本件作品除作水注之用外，應也可作為擺設飾件之用。

元代紅釉屋形瓷枕（長 21.0 公分）。以紅釉製成的瓷枕，很少見。此件瓷枕應為明器，而非實用器。

元代白地紅花與紅地白花凸刻雲龍波濤紋雙獸耳罐（高 45.0 公分）。本釉裡紅罐以紅地白花的手法刻雲龍波濤紋。紅地的釉裡紅亦以羽片狀而非整片塗紅釉的方式，顯見其藝術上的用心。此種釉裡紅罐應該很難再見到第二個類似的產品。

元代白地紅花與紅釉紅地白花
鳳穿卷雲紋罐

元代紅釉屋形瓷枕

元代青花釉裡紅花鳥紋雙獅耳玉壺春瓶

元代白地紅花與紅釉紅地白花鳳穿卷雲紋罐
（高 17.0 公分）。元代釉裡紅紅地白花紋
飾的作品不多。（見《圖說中國陶瓷史》
一書，P.156，作者吳戰壘，2003 年 10 月
出版）。書中曾提到一釉裡紅地白龍紋
蓋罐（高 28.0 公分），（並未提到收
藏處所），與本器十分類似。本器應
是極為少見的產品。

**元代青花釉裡紅花鳥紋雙獅耳玉壺
春瓶**（高 25.0 公分）。本瓶在肩部
的堆貼獅耳部分，獅子的口部銜一圓
環，形似鋪首，這需要相當細膩的瓷
藝雕塑技巧。通常所見的雙獅耳瓷器，
只是簡單的獅耳，並沒有如此多的細節。

元末明初白地紅花與紅地白花
凸刻雲龍波濤紋雙獸耳罐

元代紅綠彩水禽紋蓋罐　　　　　　　　元代青花釉裡紅菩薩坐像　　　　　元代青花釉裡紅騰龍水波紋
　　　　　　　　　　　　　　　　　　　　　　　　　　　　　　　　　八稜玉壺春瓶

元代青花釉裡紅菩薩坐像（高 22.0 公分）。此件為青花與釉裡紅同時顯色成功的例子。這在當時以柴窯人工控制火溫，能夠獲得完美的作品，殊為不易。

元代青花釉裡紅騰龍水波紋八稜玉壺春瓶（高 28.5 公分）。本器以青花繪飾一旋轉翻騰的三爪龍，悠遊於以釉裡紅滿繪波浪紋的背景中，紅色與青色的對比相當醒目，動感十足，是稀少的作品。元代青花釉裡紅鷺鷥水波紋玉壺春瓶（高28.0 公分）。本件與上一件元代青花釉裡紅騰龍水波紋八稜玉壺春瓶（高 28.5公分）。二者在外形與紋飾手法有異曲同工之妙，很可能是同一時期所作。

元代紅綠彩水禽紋蓋罐（通高 22.5 公分，即罐加蓋的總高度）。紅綠彩屬於釉上彩與青花或釉裡紅的釉下彩不同。因元代紅綠彩的產品稀少，而本器又相當高雅、大方。罐與蓋歷經數百年仍能完整無缺，所以就將此件元代產品附在本書內。

明代洪武青花花卉紋八角形執壺（高 21.5 公分）。此件作品與元代青花水波蓮荷紋八角玉壺春瓶（26.7 公分）相比較。前者的主體的稜線顯得更為突出明顯。

明代洪武青花花卉紋　　　　　　明代洪武青花鴛鴦紋梅瓶　　　　　　明代永樂青花纏枝蓮紋花澆
　　八角形執壺

且其腹部體態較豐潤。而且後者壺的頸部的紋飾被縮小，且頸部的邊框紋飾及
其內的雲卷紋已消失不見。明代洪武時，壺的腹部主紋的位置有較大的面積來
繪紋飾，主紋的上方，有一圈雲肩紋，這是洪武時期的特色。也可參考元代青
花折枝花卉紋八稜執壺（通高 23.6 公分）（藏於河北省文物保護中心）（見《幽
藍神采：元代青花瓷器特集》一書，P.183）。

明代洪武青花鴛鴦紋梅瓶（高 23.5 公分）。元代梅瓶的脛部較為細小（例如本
書中元代青花蓮池鴛鴦紋梅瓶高 30.0 公分）。而本件明代梅瓶的脛部較為寬闊，
顯得比較穩重。畫面上一對鴛鴦，左右結伴，同方向悠遊於蓮池中，一幅祥和
幸福景象。

明代永樂青花纏枝蓮紋花澆（高 22.0 公分），與北京故宮博物院所藏的同期同
類型花澆（高 14.7 公分），外型是類似的，把手，龍口咬住花澆口沿，龍尾的
表現方式也相似。只是紋飾不同及排列有所差異，但是以二者的高度來相較的
話，本書中的花澆是北京故宮博物院所藏花澆的一倍半，所以整體的體積的大
小差異更大。

明代永樂青花八瓣瓜稜形罐（高 15.5 公分）。本件器形優美，十分罕見，其原因可能是製作不易。本書中的明代宣德釉裡紅靈芝紋石榴尊，主體也是呈瓜稜形，六瓣，外型極富美感。

明代宣德青花鳳穿蓮花紋直圓筒形蓋罐（高 22.0 公分）。本罐造形簡潔大方，卻很少見，製造者應該具有相當高水準的藝術眼光。

明代宣德青花寶相花紋雙耳扁瓶（高 31.0 公分）。此瓶的紋飾在宣德時期才開始出現，這種造形的器物，源自於阿拉伯地區的銅器，相當新穎。類似的扁瓶，北京故宮博物院也有收藏。（見故宮博物院《明初青花瓷》一書，P.97 耿寶昌主編）

明代宣德青花蕉樹庭院紋花口盤（口徑 45.0 公分）。本件花口盤，在斷代上，

明代永樂青花八瓣瓜稜形罐

明代宣德青花鳳穿蓮花紋直圓筒形蓋罐

明代宣德青花寶相花紋雙耳扁瓶

明代宣德青花蕉
樹庭院紋花口盤

由於無款，只能根據紋飾上的特色來判斷。因其沒有元代青花瓷器紋飾上的特徵，只能將之歸屬於明代初期。而明初三個朝代，洪武、永樂、宣德，只有宣德時有出現庭院的紋飾，因此將之定為宣德時期。宣德之後已無此種類似的大盤出現。

明代宣德青花鳳穿花卉紋瓷枕（長15.3公分）。元代及明代的瓷枕很少見，可能與製作不易有關。燒造時容易變形，垂直底座上較小的兩邊，各飾一鏤空的錢紋，既有很好的財富寓意，又具有在燒造時，瓷枕中內部熱氣向外流通，達到透氣的效果。

明代宣德青花折枝花果紋執壺（高25.5公分）。此壺造形樸實端莊，圖飾布局嚴謹典雅。北京故宮博物院亦收藏有一件類似執壺（高27.5公分）但無款識。（見故宮博物院藏《明初青花瓷》一書，P.108，耿寶昌主編）。

明代宣德青花鳳穿花卉紋瓷枕

明代宣德青花折枝花果紋執壺

明代宣德青花蓮花紋三足爐（高 12.3 公分）。三足爐的器形，在明代之前，就已出現。在《明代陶瓷大全》一書，P.141，藝術家出版社出版，亦有一類似的爐。其高度與直徑幾乎相當，有點矮胖型，不似本器高度比直徑稍大，像高挺型。

明代宣德青花鳳穿花卉紋長頸瓶（高 49.0 公分）。本瓶的特色即是其長長的頸部，而且頸上的朵雲紋向四方飄，這只有在宣德時期才開始出現。

明代宣德青花龍紋蟋蟀蓋罐（高 11.0 公分）。本罐也是少見之物，當初必是皇宮官府的孩童，鬥玩蟋蟀，置放蟋蟀之容器。因為本罐上方的圓蓋上有一小圓氣孔，當作為疏通罐內外空氣之用。若只是作為儲存物品之用，當無需設計一氣孔。當然本罐亦可作為儲存物品之用。

明代宣德釉裡紅靈芝紋石榴尊（高 19.5 公分）。此種宣德時期創新的瓷器新造型，相當雅緻美觀。北京故宮博物院也藏有一件青花產品（高 19.0 公分）（見故宮博物院藏《明初青花瓷》一書，P.113，耿寶昌主編）。本書中所藏的為釉裡紅製品，更為稀少珍貴。

明代宣德青花龍紋蟋蟀蓋罐

明代宣德青花蓮花紋三足爐　　明代宣德青花鳳穿花卉紋長頸瓶　　明代宣德紅釉紅地白花朵雲紋葵花式盤

明代宣德紅釉紅地白花朵雲紋葵花式盤（口徑 16.5 公分）。此件將紋飾留白，紋飾周邊的地子，施以銅紅料和釉料所調製的紅釉，形成紅地朵雲紋。而且將稜線及邊沿線的紅釉刮去，形成白的紋飾，達到襯托的效果。台北故宮博物院於 2020 年將一件院藏宣德紅釉（或稱寶石紅）僧帽壺（見《明代陶瓷大全》P.514，藝術家出版社出版），明定為國寶級文物，顯見其珍稀。

明代萬曆青花纏枝葉紋瓷磨（高 12.5 公分）。歷代遺留下來的瓷磨很少。本件瓷磨又寫有六字楷書款，顯然為皇家官府所有，殊為難得。本瓷磨造型優美，紋飾雅緻。

清代乾隆釉裡紅福壽紋方形直角瓶（高 23.0 公分）。釉裡紅瓷器自元代開始發展，一直到元末之際達到高峰，然後就逐漸沒落，甚至很少製作。尤其到了清代，釉上彩的色彩可以說相當齊備，所以釉裡紅的製作可說少之又少。本器在乾隆時出現，紋飾兼有福（蝠）壽之寓意，又是紅色喜氣之色，相當討喜，應是清代的精品。

明代萬曆青花纏枝葉紋瓷磨

明代宣德釉裡紅靈芝紋石榴尊

清代乾隆釉裡紅福壽紋方形直角瓶

參考書目

1. 上海博物館《元代青花瓷器特集》幽藍神采，上海書畫出版社，2012 年

2. 震旦藝術博物館《元青花瓷鑑賞》，財團法人震旦文教基金會，2013 年

3. 北京市文物局編《托普卡比宮的中國瑰寶》，北京燕山出版社，2003 年

4. 硯鴻《元瓷新鑒》，內蒙古人民出版社，2000 年

5. 耿寶昌《國粹青花瓷辨偽》，故宮博物館出版社，2011 年 3 月

6. 鴻禧藝術文教基金會《天民樓青花瓷特展》，1992 年元月

7. 張浦生、霍華著《青花瓷鑒定 ‧ 壹》，2012 年 6 月

8. 朱裕平《元代青花瓷》，上海科學技術出版社，2010 年

9. 朱裕平《元代青花瓷 - 中國青花瓷史之一》，文匯出版社，2000 年

10. 楊后禮《元青花八稜花卉玉壺春瓶 - 南方文物》，江西省博物館，1996 年第

    2 期

11. 楊后禮《元釉裡紅開光花鳥紋罐 - 南方文物》，江西省博物館，1996 年 1 月

12. 藝術家工具書編委會主編《宋元陶瓷大全》，藝術家出版社，1997 年

13. 吳棠海《青花瓷鑑賞》，財團法人震旦文教基金會，2008 年

14. 吳戰壘《圖說中國陶瓷史》，揚智文化事業公司，2003 年

15. 金楓《大地手禮－青花瓷篇》，錦繡出版事業公司，1993 年

16. 馬希桂、趙光林《青花名瓷》，藝術圖書公司，1999 年

17. 劉良佑《中國歷代陶瓷鑑賞 3 遼、西夏、金、元》，尚亞美術出版社，1992 年

18. 劉良佑《陶瓷》，幼獅文化事業公司，1991 年

19. 譚旦冏《中國陶瓷史》，1985 年 2 月

20. 故宮博物院 編／耿寶昌 主編《故宮博物院藏明初青花瓷》，紫禁城出版社，2002 年 8 月

21. C. et M. Beurdeley《La Céramique chinoise — Le guide du connaisseur》，Office du Livre S.A. Fribourg（Suisse），1982

22. Daisy Lion — Goldschmidt《La porcelaine Ming》，Office du Livre S.A. Fribourg（Suisse），1978

愛生活 36

元青花瓷與釉裡紅瓷綜論

作　　　　　者	方勝利 FANG Sheng Lih
視 覺 設 計	李思瑤
主　　　　　編	林憶純
行 銷 企 劃	謝儀方

第五編輯部總監	梁芳春
董 事 長	趙政岷
出 版 者	時報文化出版企業股份有限公司
	108019 台北市和平西路三段 240 號
發 行 專 線	（02）2306-6842
讀 者 服 務 專 線	0800-231-705、（02）2304-7103
讀 者 服 務 傳 真	（02）2304-6858
郵 　　　　撥	19344724 時報文化出版公司

信 　　　　箱	10899 臺北華江橋郵局第 99 信箱
時 報 悅 讀 網	www.readingtimes.com.tw
電 子 郵 箱	yoho@readingtimes.com.tw
法 律 顧 問	理律法律事務所　陳長文律師、李念祖律師
印 　　　　刷	和楹印刷有限公司
初 版 一 刷	2020 年 10 月 16 日
定 　　　　價	新台幣 3,200 元（缺頁或破損的書，請寄回更換）

時報文化出版公司成立於 1975 年，並於 1999 年股票上櫃公開發行，
於 2008 年脫離中時集團非屬旺中，以「尊重智慧與創意的文化事業」
為信念。

元青花瓷與釉裡紅瓷綜論 / 方勝利 作 . -- 初版 . – 臺北市：時報文化，2020.10

　　224 面；21*29.7 公分

　　ISBN 978-957-13-8290-6（軟精裝）

1. 古陶瓷 2. 古物鑑定 3. 文物研究 4. 元代

796.6　　　　　　　　109009712

ISBN 978-957-13-8290-6
Printed in Taiwan